W0060044

VEGAN
CHALLENGE

DEIN
4 WOCHEN
PROGRAMM

TRE TORRI

INHALT

NEUES WAGEN UND GENUSSVOLL DURCHSTARTEN

Weshalb brauchen wir eine VEGAN CHALLENGE? Darauf gibt es gleich mehrere Antworten. Zum einen profitieren wir davon. Speziell nach Feiertagen, an denen meist zu viel von allem gegessen wird: zu viel Zucker, zu fettig, zu viel Fleisch. Einen ganzen Monat dann den Schwerpunkt auf Gemüse, Obst und Hülsenfrüchte zu legen und im Gegenzug tierische Produkte komplett wegzulassen, fühlt sich richtig gut an. Zum anderen ist es ein kleiner Schritt in die richtige Richtung in Sachen Klima. Denn eine vegane Ernährungsweise reduziert die persönliche Bilanz im Hinblick auf Treibhausgase um zwei Tonnen jährlich. Vor allem aber verringert es Tierleid. Es braucht keine verstörenden Bilder, um zu wissen, dass eine artgerechte Tierhaltung häufig zugunsten der wirtschaftlichen Fleischgewinnung leidet. Mal ganz davon abgesehen, dass die Auswirkungen auf Gewässer und Atmosphäre ebenfalls erheblich sind. Man braucht weder diverse Dokumentationen gesehen zu haben, um zu wissen, dass auch Fisch keine Alternative zu Billigfleischkonsum ist und selbst Bienen für die Nahrungsmittelindustrie leiden müssen.

Bei der VEGAN CHALLENGE geht es allerdings nicht allein darum, sich selbst und der Umwelt etwas Gutes zu tun. Im Vordergrund steht Genuss, nicht Verzicht. Es geht darum, Spaß an unkomplizierten Gerichten zu haben. Vegan zu essen, bedeutet nämlich weder ab sofort freudlos nur noch Rohkost zu knabbern noch sich alles Leckere zu verkneifen. Und es heißt auch nicht, dass die nächsten vier Wochen ein riesiges Loch in die Haushaltskasse reißen. Wir zeigen, dass eine vegane Ernährung überhaupt nicht teuer sein muss – um gleich mal mit einem Vorurteil aufzuräumen, mit dem Veganer:innen häufig konfrontiert werden.

Was also passiert die nächsten Wochen? Ausprobieren ist angesagt! Die Rezepte fürs Frühstück, Mittag- und Abendessen machen den Einstieg ins vegane Leben super einfach. Alles lässt sich prima vorbereiten und in die Schule, zur Uni oder zum Job mitnehmen. Meal Prepper kommen also voll auf ihre Kosten. Wer Lust und Zeit hat, kann sogar seine Pflanzendrinks selbst zubereiten, statt sie zu kaufen, und so nebenbei Geld sparen. Auch Mayo oder Mandelmus kann man leicht selbst machen. Veganes Brot – gekauftes ist das nämlich nicht immer – und Kuchen zu backen, ist ebenfalls total einfach.

Die VEGAN CHALLENGE mag also für einige ein Experiment sein, für manche vielleicht ein Impuls hin zur veganen Ernährung und für andere ganz bestimmt ein überraschend positives Erlebnis. Gibt es anschließend mehr als die bislang 1,6 Millionen Veganer:innen in Deutschland? Vielleicht ja. Und wenn nicht auf Dauer, dann vielleicht immer mal wieder für einen bestimmten Zeitraum oder zumindest mal einen Tag in der Woche.

Das erwartet euch während der VEGAN CHALLENGE:

Eine Challenge ist je nach Definition eine Herausforderung. Allerdings bezeichnet der Begriff auch einen „Wettbewerb, bei dem Spaß und/oder sozialer Nutzen im Vordergrund stehen". Wir ergänzen das um Genuss.

Für jede Woche gibt es unterschiedliche Rezeptvorschläge für Frühstück, Mittag- oder Abendessen. Jede:r hat ja einen ganz eigenen Tagesablauf. Wer die Pause in der Schule oder Uni oder aber bei der Arbeit zum Snacken nutzt, findet unter der Auswahl an Rezeptvorschlägen genügend, die sich perfekt fürs Meal Prepping eignen. Vieles – wie u. a. Overnight Oats, Sandwiches, Bowls – lässt sich ohnehin am Vorabend zubereiten, damit es morgens besonders stressfrei läuft. On top gibt es zahlreiche Basic-Rezepte für Pflanzendrinks & Co., Brot und Bagels. Der jeweilige Zeitaufwand für die Zubereitung ist mit Punkten von 1 bis 3 gekennzeichnet, sodass sich auf einen Blick erkennen lässt, wie schnell es geht.

Konzipiert sind alle Rezepte so, dass die Zutaten dafür in jedem Supermarkt erhältlich sind. Und natürlich muss niemand Profi sein, um lecker zu kochen. Das kriegt jede:r hin. Ganz sicher!

VEGAN? WIESO?

Was haben Eric Adams, New York Citys Bürgermeister, Paul McCartney, Musiker und Ex-Beatle, und YouTuber/Kolumnist Rezo gemeinsam? Nun, alle essen kein Fleisch. Musiker McCartney rührt seit 1975 keins mehr an (angeblich, seit er Lämmer auf einer Wiese herumspringen sah, während er Lammeintopf auf dem Teller hatte), Politiker Adams ernährt sich aus gesundheitlichen Gründen seit mehreren Jahren – überwiegend – vegan. Und Rezo sagte in einem Interview in einem Magazin: „Vegan? Alles andere wäre nicht logisch!". Sich zu entschließen, auf tierische Produkte, auf Fleisch und Fisch zu verzichten, mag also auf unterschiedliche Motivation zurückzuführen sein. Dem überwiegenden Teil der Veganer:innen zufolge ist es das Leid der Tiere, das sie veranlasst hat, ihre Ernährung auf reine Pflanzenkost umzustellen. Weitere Beweggründe sind eine nachhaltige Lebensweise oder gesundheitliche Aspekte, wie bei der Tennisspielerin Venus Williams, die an einer Autoimmunerkrankung leidet.

Es ist unstrittig, dass sich eine ausgewogene pflanzenbasierte Kost meist positiv auf den Körper auswirkt. So verbessern sich die Blutfettwerte und selbst Autoimmunerkrankungen können positiv beeinflusst werden. Die Deutsche Gesellschaft für Ernährung e. V. (DGE) plädiert ohnehin für „mehr Gemüse und Hülsenfrüchte auf dem Teller" und rät zu wenig Fleisch- und Wurstmahlzeiten sowie grundsätzlich zu weniger Fett und Zucker. Das würde auch Kinder- und Hausärzte, Kardiologen und Diabetologen erfreuen, die Folgeerscheinungen falscher Ernährung behandeln. Übergewicht und Adipositas (Fettleibigkeit) haben in den vergangenen 20 Jahren in Deutschland stark zugenommen; so gelten im Jahr 2022 bereits zwei Drittel der Männer (67 Prozent) und etwas mehr als die Hälfte der Frauen (53 Prozent) als übergewichtig. Besonders besorgniserregend: Jedes fünfte Kind zwischen drei und siebzehn Jahren – Tendenz steigend – gilt inzwischen als zu schwer für Größe und Alter. Langfristig drohen beispielsweise die typischen „Volkskrankheiten" wie unter anderem Herz-Kreislauferkrankungen, Gelenkprobleme und Diabetes Typ 2.

Allerdings gilt auch: Wer als Veganer:in ausschließlich Fast Food isst, ernährt sich ebenfalls nicht ausgewogen und kann zunehmen. Denn selbst wenn Veganes wie beispielsweise Pommes oder Falafel, vegane Mayo oder vegane Schokolade durchaus zur pflanzlichen Kost zählen – sie haben reichlich Kalorien!

EIN HERZ FÜR TIERE

Dem Ernährungsreport des Bundesministeriums für Ernährung und Landwirtschaft (BMEL) zufolge ist der Fleischkonsum gesunken. Im Jahr 2021 war dieser mit 55 Kilogramm pro Kopf Verbrauch so niedrig wie nie zuvor in den vergangenen 30 Jahren. Allerdings: Es werden immer noch bundesweit in den Schlachthöfen rund 800 Millionen Nutztiere pro Jahr getötet. Darunter Schweine, Rinder, Hühner und Puten; die meisten davon aus der industriellen Tierhaltung.

In Deutschland leben laut der Umfrage zu Beginn des Jahres 2022 rund 1,6 Millionen Menschen vegan, und ca. 8,3 Millionen verzichten als Vegetarier auf Fleisch und Fisch. Klingt schon mal gut, selbst wenn das nur zwei beziehungsweise zehn Prozent der Bevölkerung ausmacht.

Deshalb steht für viele, die ihr Leben auf eine vegane Ernährungs- und Lebensweise umstellen, das Wohl der Tiere an erster Stelle. Die in Berlin ansässige Albert Schweizer Stiftung, die sich für eine vegane Lebensweise einsetzt, sowie PETA (People for the Ethical Treatment of Animals) und der World Wildlife Fund (WWF) stellen seit über zehn Jahren ein größeres Interesse am Veganismus fest, insbesondere in der Altersgruppe von 17 bis 29 Jahren. Aber weshalb sollte dann nicht auch die (Groß-)Eltern-Generation davon profitieren? So wird die VEGAN CHALLENGE zu einer Mitmach-Challenge für die ganze Familie!

VEGANER:INNEN
VERBESSERN DIE WELT

Ist das nun eine steile These, oder ist da etwas dran? Es gibt ja gelegentlich kuriose Reaktionen, wenn sich jemand als Veganer:in outet. Beispielsweise: „Sojaprodukte zerstören den Regenwald, beim Anbau von Avocados wird Wasser verschwendet, Mangos und Papayas werden wie Kichererbsen vom anderen Ende der Welt importiert…"

Selbst wenn das Echo nicht so drastisch ausfällt, neutral ist es eher selten. Weshalb eigentlich? Es gibt schließlich auch Lieblingsgerichte, die quasi „aus Versehen" vegan sind. Die italienischen Klassiker „Spaghetti aglio e olio" oder „con Pomodori" zählen unter anderem dazu (na gut, der Parmesan darf selbstverständlich nicht drauf), ebenso wie deutsche Hausmannskost, zum Beispiel ein schwäbischer Kartoffelsalat mit Essig- und Öl-Dressing (nur original OHNE Speck und Ei!) oder luftig-lockere Kartoffelknödel (na gut, ohne Fleischbrühe), um nur einige zu nennen.

Und ja, all diese Gerichte, die ohne tierische Komponenten wie beispielsweise Speck oder Ei auskommen, sind ein Beitrag zur Rettung des Klimas. Selbst wenn das manchmal belächelt wird. Solange es weder im Hinblick auf eine angemessene Tierhaltung (und damit verbundene faire Preise) ein wirkliches Umdenken in der Gesellschaft gibt, sind es die Veganer:innen, die ein deutliches Zeichen setzen.

Ein Blick auf die über mehrere Jahre laufende Studie der Universität Oxford, die der Ökologe Joseph Poore gemeinsam mit seinem Schweizer Kollegen Thomas Nemecek bereits 2018 veröffentlich hat, zeigt, dass selbst Tierprodukte mit einer verhältnismäßig guten Ökobilanz, hierzu zählen Eier oder Geflügel, Umwelt und Klima stärker belasten als Pflanzenkost. Ihre Hypothese: Würde sich die gesamte Menschheit vegan ernähren, bräuchte sie nur knapp ein Viertel der bisher landwirtschaftlich genutzten Flächen, um satt zu werden. Mehr als 75 Prozent des jetzigen Agrarlands wäre frei – dies entspräche der Fläche von USA, EU, China und Australien zusammen. Versetzte man diese in einen naturnahen Zustand zurück, würde sich auch das Artensterben erheblich verlangsamen. Wissenschaftler Poore hat bereits Konsequenzen aus seinen Erkenntnissen gezogen: Er isst nun vegan.

Übrigens: Es sind nicht die Veganer:innen, die für die Soja-Monokulturen in den USA oder Argentinien beziehungsweise Brasilien verantwortlich sind. Zerstört wird der Regenwald in Südamerika durch den Anbau für Tierfutter, allein 75 Prozent des weltweiten Sojaanbaus wird dafür verwendet. Exotische Früchte wie Avocados, Mangos oder Papayas gibt es während der Saison selbst in Europa; Kichererbsen werden zwischenzeitlich sogar im heimischen Brandenburg angebaut, ebenso wie Soja – ohne Gentechnik! – in Frankreich oder anderen europäischen Ländern.

ALLES VEGAN
ODER WAS?

An sich ist das ja alles ganz einfach: Fleisch, Eier, Milchprodukte weglassen, dann isst man vegan. Jein. Und klar – es nervt, beim Einkaufen im Supermarkt die Zutatenlisten auf den Verpackungen zu studieren, ob der Inhalt tatsächlich für Veganer:innen geeignet ist. Aber selbst dann lässt sich gelegentlich nicht auf Anhieb erkennen, ob das Produkt WIRKLICH fleisch- und tierfrei ist.

Gerade bei weiterverarbeiteten Lebensmitteln kann man nicht mit absoluter Sicherheit sagen, ob im Herstellungsprozess tierfreie Hilfsmittel verwendet wurden. Zum Beispiel Gelatine vom Schwein oder Rind, die oft zum Klären von Wein, Essig und Saft eingesetzt wird und nicht als Zutat angegeben werden muss.

Auch Süßes wie Zucker ist nicht zwangsläufig vegan. Jedenfalls dann nicht, wenn er mit Tierkohle gebleicht wurde. Farbstoffe in Lebensmitteln, wie echtes Karminrot, werden aus Läusen gewonnen. Oder aber die Wachsschicht, mit der Obst überzogen wird, kann aus Schellack bestehen, ebenfalls aus Läusen gewonnen. Selbst Margarine, von der man ja eigentlich annimmt, sie sei pflanzlichen Ursprungs, kann tierische Fette enthalten, die nicht (immer) explizit auf der Verpackung ausgewiesen werden müssen.

Backferment, um ein weiteres Beispiel zu nennen, das speziell zur Lockerung von Vollkorn-Backwaren verwendet wird, enthält neben Weizenmehl auch Bienenhonig. Wer nun glaubt, bei sämtlichen Sojaprodukten auf der sicheren veganen Seite zu sein, kann sich täuschen. Denn hier werden gelegentlich, etwa bei manchem Sojajoghurt, Kulturen eingesetzt, deren Basis nicht-vegane Nährlösungen sind. Und Molke ist ebenfalls ein Zusatz vieler Lebensmittel, den man nicht vermutet: in manchen Gemüsebrühen zum Beispiel oder in (glutenfreiem) Brot.

NÄHRSTOFFE
WICHTIG FÜR DIE OPTIMALE VERSORGUNG

Das Schlüsselwort bei gesunder Ernährung ist: ausgewogen. Das gilt im Prinzip für jede Richtung, ganz egal, ob vegan, vegetarisch oder auch für diejenigen, die tierische Produkte essen. Für jede Ernährungsform gilt: Stehen überwiegend und dauerhaft Junk sowie Fast Food und stark verarbeitete Lebensmittel auf dem Speiseplan, führt dies zu einem Mangel an Nährstoffen (und zu viel Körpergewicht).

Vitamin B12 ist der Nährstoff, den Veganer:innen tatsächlich als zusätzliches Präparat einnehmen müssen, da dieser nur in tierischen Produkten vorkommt. Allerdings wird dieses Vitamin im Körper über Monate bis Jahre gespeichert, sodass während der vierwöchigen VEGAN CHALLENGE keine Nahrungsergänzungsmittel zugeführt werden müssen.

VEGANE
GRUND-
REZEPTE

Wir starten mit veganen Basics zum Selbermachen, zum Beispiel Pflanzendrinks, Brot, Burger Buns und natürlich Pizza. Das ist alles super einfach! Übrigens, wer keine Küchenmaschine hat: Teig kneten klappt auch mit einem Handrührgerät mit Knethaken.

LEGENDE

⬤⬤◯◯ wenig Zutaten, schnelle Zubereitung
⬤⬤◯ einfach, jedoch etwas Zeit einplanen
⬤⬤⬤ etwas mehr (Zeit-)Aufwand

● ○ ○

DRINK

FÜR CA. 2,1 L

Schneller **HAFERDRINK**
für den Vorrat

DAS BRAUCHST DU

3 l Wasser

180 g Haferflocken

Süßungsmittel nach Belieben
(z. B. Agavendicksaft, Ahornsirup,
Birkenzucker)

SO GEHT'S

1,5 l Wasser in einen Topf gießen, aufkochen, die Haferflocken zugeben und
verrühren. Von der Kochstelle nehmen
und ca. 20 Minuten ziehen lassen.

Die angerührten Haferflocken durch ein
feines Sieb oder sauberes Küchenhandtuch passieren und die abtropfende
Flüssigkeit auffangen. Mit dem restlichen Wasser nach und nach aufgießen,
sodass eine milchartige Flüssigkeit
entsteht.

Den Haferdrink in ein verschließbares
Gefäß abfüllen. Kalt gestellt hält er sich
bis zu 1 Woche.

*Den Haferdrink nach Belieben noch mit
etwas Agavendicksaft süßen.*

DRINK

FÜR CA. 2,1 L

Leckerer **NUSSDRINK**
für den Vorrat

DAS BRAUCHST DU

700 g Nüsse (z. B. Haselnüsse
oder Mandeln)

2,8 l Wasser

Süßungsmittel nach Belieben
(z. B. Agavendicksaft, Ahornsirup,
Birkenzucker)

SO GEHT'S

Die Nüsse mit dem Wasser in ein Gefäß
geben und ca. 8 Stunden einweichen.

Nach der Einweichzeit die Nüsse mit
dem Wasser in einen Standmixer geben
und fein mixen.

Dann durch ein feines Sieb oder sauberes Küchenhandtuch passieren und die
abtropfende Flüssigkeit auffangen.

Den Haselnuss- bzw. Mandeldrink nach
Belieben süßen und in ein verschließbares Gefäß abfüllen. Kalt gestellt hält er
sich bis zu 1 Woche.

*Klappt übrigens auch mit ungesalzenen
Erdnüssen oder Cashewkernen: je 700 g
Erdnüsse/Cashewskerne mit 2,8 l Wasser,
wie im Rezept beschrieben, zu einem
Drink verarbeiten. Anschließend kalt
stellen.*

MAYO

FÜR CA. 300 ML

Es geht auch ohne Ei!
VEGANE MAYO

DAS BRAUCHST DU

100 ml Sojadrink
ca. 250 ml neutrales Pflanzenöl
Salz, Pfeffer

SO GEHT'S

Sojadrink in einen hohen Becher geben.
Mit einem Stabmixer aufschlagen, dabei
langsam das Öl einlaufen lassen, bis
eine homogene Masse entsteht. Mit
Salz und Pfeffer abschmecken. Sofort
verwenden.

*So bleibt's stabil! Für eine vegane Mayo
sollten Sojadrink und Öl mindestens
1 Stunde vor der Verarbeitung im Kühlschrank kalt gestellt werden.*

SAHNE

FÜR CA. 300 ML

Als Ersatz für Sahne:
SOJA-SCHLAGCREME

DAS BRAUCHST DU

150 ml kalter Sojadrink
1 EL Zitronensaft
ca. 120 ml neutrales Pflanzenöl

SO GEHT'S

Den Sojadrink mit Zitronensaft mischen und kurz gerinnen lassen. Anschließend mit einem Stabmixer aufschlagen, dabei langsam das Öl einlaufen lassen, bis eine luftige, homogene Masse entsteht. Sofort verwenden.

Noch mehr Schlag: Für eine noch luftigere Konsistenz die Soja-Schlagcreme in einen Sahnespender geben und sofort mit zwei Sahne-Kapseln (N_2O) begasen.

TAHINI

FÜR CA. 250 G

Passt zu ganz vielen orientalischen
Gerichten: **TAHINI**

DAS BRAUCHST DU

250 g Sesamsamen

SO GEHT'S

Die Sesamsamen in einer Pfanne ohne
Fett rösten, dann in einen Standmixer
geben und ca. 15–20 Minuten pürieren, bis eine homogene Paste entsteht.
Durch die Wärme tritt das Öl aus, und
es entsteht eine cremige Konsistenz.

Die Tahini direkt weiterverarbeiten oder
in ein verschließbares Gefäß umfüllen.
Kalt gestellt hält sich die Sesampaste
ca. 1 Woche.

Vor der Verwendung einfach noch
einmal gut aufrühren, da sich das Öl
absetzt.

*Echt würzig! Die Tahini lässt sich prima ver-
feinern: ganz klassisch mit Salz und Pfeffer,
für eine orientalische Note mit Kreuzkümmel
oder Ras el Hanout oder aber mit frisch geriebener Muskatnuss. Wer es pikant liebt,
würzt mit Chilipulver.*

MÜS

Aufstrich
MANDELMUS

FÜR CA. 250 G

DAS BRAUCHST DU

200 g Mandeln
2 EL neutrales Pflanzenöl

SO GEHT'S

Die Mandeln in einen Standmixer geben und fein mixen. Ab und zu den Mixer ausschalten und die zerkleinerten Mandeln von der Seite wieder in die Mitte geben.

Nach ca. 15–20 Minuten das Öl untermixen, so entsteht eine butterähnliche Masse, die als Grundprodukt weiterverwendet werden kann. Oder einfach sofort genießen auf frischem Brot.

Zur Aufbewahrung in ein verschließbares Gefäß geben. Im Kühlschrank hält sich der Aufstrich ca. 5 Tage.

BAGELS

FÜR CA. 8 STÜCK

Perfekt zum Einfrieren:
RUCOLA-BAGELS MIT MOHN

DAS BRAUCHST DU

1 Würfel (42 g) Hefe

300 ml lauwarmes Wasser

30 g Rucola, fein gehackt

500 g Weizenmehl
(Type 1050)

3 EL Blaumohn

1 EL Salz

Außerdem

Mehl zum Bearbeiten

SO GEHT'S

Die Hefe im Wasser auflösen und mit den restlichen Zutaten in eine Küchenmaschine geben. Ca. 10 Minuten glatt verkneten, bis sich der Teig vom Schüsselrand löst.

Den Teig mit einem sauberen, angefeuchteten Küchenhandtuch abdecken und an einem warmen Ort ca. 30 Minuten gehen lassen, bis sich sein Volumen deutlich vergrößert hat.

Den Backofen auf 160 °C Umluft vorheizen. Backbleche mit Backpapier auslegen. Den Teig auf einer leicht bemehlten Arbeitsfläche nochmals kurz kneten und in 8 gleich große Portionen teilen. Diese zu Strängen rollen und die Enden zu einem Ring zusammendrücken. Die Bagels nochmals ca. 10 Minuten gehen lassen.

In einem großen Topf ausreichend Wasser zum Kochen bringen. Die Bagels stückweise darin von jeder Seite ca. 1 Minute kochen. Wichtig: die Zeit genau stoppen! Herausnehmen und auf einem sauberen Küchenhandtuch abtropfen lassen.

Die Bagels auf die vorbereiteten Backbleche legen und nacheinander im Backofen auf mittlerer Schiene ca. 10–15 Minuten hell backen. Herausnehmen und auf Kuchengittern auskühlen lassen.

BRÖT

Unkompliziertes glutenfreies
SAATEN-BROT

FÜR 1 BROT

DAS BRAUCHST DU

25 g Flohsamenschalen

320 ml lauwarmes Wasser

100 g Mandeln

100 g Para-/Macadamianüsse

100 g Sonnenblumenkerne

100 g Kürbiskerne

100 g Sesamsamen/
Hanfsamen, geschält

100 g Leinsamen, geschrotet

2 TL Salz

SO GEHT'S

Den Ofen auf 170 °C Umluft vorheizen und eine Kastenform (ca. 25 cm) mit Backpapier auslegen.

Die Flohsamenschalen in eine Schüssel geben und mit dem Wasser vermengen. Etwa 5 Minuten quellen lassen, bis eine gelartige Konsistenz entsteht.

Die Mandeln, Paranüsse, Sonnenblumen- und Kürbiskerne in einen Standmixer geben und grob zerkleinern. In einer Schale mit Sesamsamen, Leinsamen und Salz gut vermischen.

Die gequollenen Flohsamenschalen untermengen und alles gründlich mit den Händen durchkneten, bis ein glatter Teigball entsteht. Den Teig gleichmäßig in der Kastenform verteilen und ca. 60 Minuten im Ofen backen. Anschließend komplett auskühlen lassen.

Das Brot am besten schon als Meal Prep am Wochenende zubereiten und in Scheiben geschnitten einfrieren. So ist es immer griffbereit, wenn es unter der Woche schnell gehen muss.

TOAST

FÜR 1 BROT

DAS BRAUCHST DU

1 Würfel (42 g) Hefe

500 ml lauwarmes Wasser

20 g Zucker

2 EL Zuckerrübensirup

100 ml Olivenöl

20 g grobes Meersalz

250 g Weizenvollkornmehl

500 g Weizenmehl (Type 550)

Außerdem

vegane Margarine zum Einfetten

Mehl zum Bestäuben
und Bearbeiten

Perfekt zum Einfrieren:
VOLLKORNTOASTBROT

SO GEHT'S

Die Hefe im Wasser auflösen. Mit den restlichen Zutaten in einer Küchenmaschine mit Knethaken zu einem glatten Teig kneten. Abgedeckt an einem warmen Ort ca. 40 Minuten gehen lassen.

Eine Kastenform (ca. 30 cm) einfetten und mit Mehl bestäuben, überschüssiges Mehl abklopfen. Den Teig auf einer leicht mit Mehl bestäubten Arbeitsfläche nochmals kurz durchkneten, zu einem Laib formen und in die Form geben. Abgedeckt weitere ca. 30 Minuten gehen lassen.

Den Backofen auf 200 °C Ober- und Unterhitze vorheizen.

Das Brot mit ein wenig Wasser bestreichen und im Backofen auf dem Rost auf mittlerer Schiene ca. 25–30 Minuten backen. Dann herausnehmen, etwas abkühlen lassen, stürzen und auf einem Kuchengitter auskühlen lassen.

BRÖT

Saftiges
KARTOFFELBROT

FÜR 1 BROT

DAS BRAUCHST DU

125 ml Wasser

500 g festkochende Kartoffeln,
geschält, grob gerieben

500 g Weizenmehl (Type 550)

1 TL Salz

1 Päckchen Trockenhefe

2 EL Olivenöl

1 TL Zucker

Außerdem

Mehl zum Bearbeiten

SO GEHT'S

Das Wasser aufkochen und über die geriebenen Kartoffeln geben.

In einer zweiten Schüssel Mehl, Salz und
Trockenhefe vermischen. Öl und Zucker
mit den Kartoffeln vermischen, die
Mehlmischung zugeben und alles miteinander in der Schüssel verkneten.

Auf einer leicht bemehlten Arbeitsfläche
den Teig ca. 5 Minuten zu einem glatten
Teig verarbeiten und abgedeckt an
einem warmen Ort ca. 1 Stunde gehen
lassen.

Nach der Ruhezeit den Backofen auf
225 °C Ober- und Unterhitze vorheizen.
Den Teig nochmals durchkneten und zu
einem runden Laib formen. Den Laib
auf ein mit Backpapier ausgelegtes
Backblech legen und im unteren Drittel
des Backofens etwa 25 Minuten backen.
Anschließend die Temperatur auf 200
°C reduzieren und weitere 30 Minuten
backen.

Das Kartoffelbrot aus dem Ofen nehmen und auf einem Kuchengitter vollständig auskühlen lassen.

BRÖT

FÜR 1 BROT

Knuspriges
DINKELVOLLKORNBROT

DAS BRAUCHST DU

425 g Dinkelvollkornmehl

1 Päckchen Trockenhefe

1 gestr. TL brauner Zucker

2 gestr. TL Salz

3 EL Sonnenblumenöl

250 ml lauwarmes Wasser

Außerdem

Mehl zum Bearbeiten

SO GEHT'S

Dinkelvollkornmehl sorgfältig mit der Trockenhefe vermischen. Mit den übrigen Zutaten mit einer Küchenmaschine mit Knethaken zu einem glatten Teig verkneten.

Zugedeckt an einem warmen Ort ca. 1 Stunde gehen lassen, bis er sich sichtbar vergrößert hat.

Backofen auf 200 °C Ober- und Unterhitze vorheizen. Ein Backblech mit Backpapier auslegen.

Den Teig auf einer leicht bemehlten Arbeitsfläche noch einmal kurz mit den Händen durchkneten. Ein rundes Brot formen, auf das Blech legen und mit einem Küchentuch bedeckt erneut ca. 30 Minuten gehen lassen.

Die Oberfläche des Teigs mit einem scharfen Messer kreuzförmig etwa 1 cm tief einschneiden und mit Wasser bestreichen.

Auf der mittleren Schiene ca. 45 Minuten backen. Das Brot während des Backens gelegentlich mit Wasser bestreichen, damit es eine schöne Kruste bekommt.

Mit dem Fingerknöchel auf die Unterseite des Brots klopfen. Klingt es hohl, ist das Brot fertig.

BUNS

Leckere
BURGER BUNS

FÜR 4 BURGER BUNS

DAS BRAUCHST DU

80 g vegane Margarine

½ Würfel (21 g) Hefe

160 ml Pflanzendrink
(siehe S. 18/19)
(Zimmertemperatur)

350 g Dinkelmehl (Type 630)

5 g Salz

20 g Zucker

1 TL schwarze Sesamsamen

SO GEHT'S

Für die Buns die Margarine in einem kleinen Topf erhitzen. Die Hefe im Pflanzendrink auflösen. Alle Zutaten, bis auf die Sesamsamen, in eine Schüssel geben und zu einem homogenen Teig verkneten. Den Teig nun mindestens 1 Stunde abgedeckt gehen lassen.

Den Teig aufteilen und vier gleich große Burger Buns formen. Diese mit dem Sesam bestreuen und weitere 20 Minuten bei Zimmertemperatur gehen lassen.

Den Backofen auf 200 °C Ober- und Unterhitze vorheizen.

Die Burger Buns ca. 10–12 Minuten im Ofen backen. Anschließend abkühlen lassen.

BUNS

FÜR 8 BURGER BUNS

RED BURGER BUNS
Für ein bisschen Farbe auf dem Teller!

DAS BRAUCHST DU

1 Päckchen Trockenhefe

2 EL Rohrohrzucker

75 ml lauwarmes Wasser

375 g Weizenmehl (Type 550)

1 TL Salz

100 ml Pflanzendrink
(siehe S. 18/19)

75 ml Rote-Bete-Saft

2 EL Olivenöl

2 EL Pflanzendrink

2 EL helle Sesamsamen

Außerdem

Mehl zum Bearbeiten

SO GEHT'S

Hefe und Zucker in das Wasser rühren und etwas von dem Mehl darüber stäuben. Die Mischung etwa 5 Minuten stehen lassen.

Restliches Mehl in einer Schüssel mit Salz vermengen, in der Mitte eine Mulde formen und den Pflanzendrink, den Rote-Bete-Saft, das Öl und die Hefemischung hineingießen. Alle Zutaten mithilfe einer Küchenmaschine ca. 10 Minuten zu einem geschmeidigen Teig kneten. Abgedeckt an einem warmen Ort ca. 1 Stunde gehen lassen, bis sich das Volumen verdoppelt hat.

Den Teig anschließend auf einer leicht bemehlten Arbeitsfläche nochmals kurz durchkneten und in 8 gleiche Portionen aufteilen. Die Teiglinge zu Kugeln formen und mit genügend Abstand auf ein mit Backpapier ausgelegtes Backblech setzen. Weitere 30 Minuten gehen lassen.

Inzwischen den Backofen auf 170 °C Umluft vorheizen.

Die Buns vor dem Backen jeweils noch mit Sojadrink bestreichen und die Sesamsamen darüber streuen. Im Backofen ca. 15–20 Minuten backen.

PIZZATEÏG

FÜR 4 PIZZEN

Pizza geht immer!
PIZZATEIG

DAS BRAUCHST DU

½ Würfel (21 g) Hefe

250 ml Wasser (Zimmertemperatur)

500 g Dinkelmehl (Type 630)

50 ml Rapsöl

1 geh. TL Salz

1 EL Zucker

SO GEHT'S

Für den Teig Hefe in Wasser auflösen und mit den restlichen Zutaten zu einem homogenen Teig verkneten.

Teig abdecken und ca. 1 Stunde gehen lassen, bis sich das Volumen verdoppelt hat.

LOS GEHT'S!
WOCHE 1

Abwechslung ist garantiert: Am besten schaust du dir zu Beginn erst einmal in Ruhe an, was in der ersten Woche vorgeschlagen wird, und entscheidest dann, was am besten für dich passt. Du hättest lieber ein Rezept aus der vierten Woche? Kein Problem! Du hast die Wahl und kannst ganz einfach austauschen. Oder natürlich auch sieben Tage nacheinander Burger oder Pizza essen. Hauptsache: vegan.

LEGENDE

● ○ ○ wenig Zutaten, schnelle Zubereitung

● ● ○ einfach, jedoch etwas Zeit einplanen

● ● ● etwas mehr (Zeit-)Aufwand

WOCHE 1
MEAL PREP

Deine erste Woche der Challenge steht bevor. Du kannst die Rezepte natürlich am selben Tag zubereiten, an dem du sie essen möchtest. Einige davon eignen sich aber auch hervorragend fürs Meal Prepping, d. h. du kannst sie sehr gut vorbereiten, wenn du Zeit dafür hast. So gibt's an stressigen Tagen keinen großen Aufwand in der Küche.

Folgende Rezepte kannst du sehr gut vorbereiten:

- ☐ 1 Saaten-Brot (siehe S. 27)
- ☐ Rucola-Bagels (siehe S. 24)
- ☐ Tofu-Cashew-Aufstrich (siehe S. 46) hält im Kühlschrank ca. 4–5 Tage
- ☐ Karotten-Tahini-Aufstrich (siehe S. 54) hält im Kühlschrank ca. 3–4 Tage
- ☐ Mandel-Rosinen-Granola (siehe S. 53) hält luftdicht verschlossen 1–2 Wochen
- ☐ Vanille-Mohn-Overnight-Oats (siehe S. 45) halten im Kühlschrank 1–2 Tage
- ☐ Chia-Pudding (siehe S. 57) hält im Kühlschrank 1–2 Tage
- ☐ Pizza Diavolo (siehe S. 66)
- ☐ Pizzasauce (siehe S. 66)
- ☐ Knoblauchöl (siehe S. 66) hält sich verschlossen und im Kühlschrank mehrere Wochen
- ☐ Erbsensuppe mit frischer Minze (siehe S. 73) hält sich im Kühlschrank 2–3 Tage

Schnell selbst gemacht und super lecker: Das SAATEN-BROT kannst du dir gut am Anfang der Woche backen und die Hälfte (oder auch mehr) in Scheiben schneiden und in einem luftdicht verschlossenen Behälter einfrieren. So hast du jederzeit die Möglichkeit, die Brotscheiben einzeln herauszunehmen und knusprig zu toasten.

Wie das Brot, kannst du auch die BAGELS bereits zum Wochenstart backen und anschließend einfrieren. Sobald du welche essen möchtest, einfach aus dem Tiefkühlfach holen und noch gefroren im vorgeheizten Backofen bei 180 °C Ober- und Unterhitze ca. 8–10 Minuten aufbacken. Tipp: am besten gleich die doppelte Menge zubereiten!

PIZZATEIG in doppelter Portion vorbereiten und ca. 1 Woche im Kühlschrank frisch halten.

EXTRA: Kuchen/Muffins am besten gleich im Anschluss vom Brot- oder Bagelbacken in den Ofen schieben und die Resthitze nutzen. Auskühlen lassen und luftdicht verschlossen einfrieren. Oder gleich naschen.

OATS

FÜR 2 PORTIONEN

VANILLE-MOHN-OVERNIGHT-OATS mit Banane

DAS BRAUCHST DU

130 g Haferflocken

30 g Mohn

1 Prise Vanille, gemahlen

2 EL Ahornsirup

2–3 TL Zitronensaft

160 ml heißes Wasser

120 g Kokosjoghurt

1 Banane, in Scheiben geschnitten

SO GEHT'S

Alle Zutaten, außer der Banane, in ein verschließbares Glas geben und gut miteinander verrühren. Mindestens 1 Stunde ziehen lassen oder über Nacht in den Kühlschrank stellen. In eine Schale geben und mit der Banane servieren.

Die Overnight-Oats sind perfekt für unterwegs. In ein luftdicht verschlossenes Gefäß geben, Löffel einpacken und du hast ein gesundes Frühstück dabei.

Anstatt Banane kannst Du auch eine Handvoll von deinem Lieblingsobst nehmen.

BAGELS

FÜR CA. 250 G AUFSTRICH

RUCOLA-BAGELS mit TOFU-CASHEW-AUFSTRICH

DAS BRAUCHST DU

Bagels (siehe S. 24)

Tofu-Cashew-Aufstrich

130 g Cashewkerne

50 g Seidentofu

60 ml Wasser

½ Bund Schnittlauch,
in Röllchen geschnitten

Salz, Pfeffer

SO GEHT'S

Die Cashewkerne mit reichlich Wasser bedeckt mindestens 6 Stunden einweichen. Die Cashewkerne abschütten und abtropfen lassen. Mit dem Seidentofu und dem Wasser in einem Standmixer zu einer cremigen Konsistenz pürieren.

Zum Schluss den Schnittlauch untermischen und kräftig mit Salz und Pfeffer abschmecken.

Zusammen mit den Rucola-Bagels genießen.

Einfach diesen Aufstrich ohne Kräuter zubereiten, dann hat man eine Art „Frischkäseersatz", der nach Lust und Laune variiert werden kann.
Den restlichen Aufstrich in ein verschließbares Gefäß füllen. Im Kühlschrank hält er sich ca. 5 Tage.

SAFT

FÜR 2 PORTIONEN

Erfrischender
MANGO-GURKEN-SAFT

DAS BRAUCHST DU

600 g Gurke,
in grobe Stücke geschnitten

1 cm Ingwer, geschält

1 Schuss Zitronensaft

120 g TK-Mango

SO GEHT'S

Die Gurke in einen Entsafter geben und entsaften. Zusammen mit den restlichen Zutaten in einen Mixer geben und pürieren. In 2 Gläser füllen und genießen.

Falls du keinen Entsafter hast, kannst du die Gurke auch pürieren und dann durch ein Sieb passieren.

PORRIDGE

HIRSEPORRIDGE mit karamellisierten Birnen und Walnüssen

FÜR 2 PORTIONEN

DAS BRAUCHST DU

200 g Hirse

½ TL Zimtpulver

1 Prise gemahlener Kardamom

500 ml Haferdrink
(siehe S. 18)

1 EL Kokosöl

1 Birne, in Spalten geschnitten

40 g Walnüsse

2 EL Agavendicksaft

1 EL schwarze Sesamsamen

SO GEHT'S

In einem Topf die Hirse mit Zimt und Kardamom zusammen mit dem Haferdrink unter ständigem Rühren aufkochen lassen. Bei niedriger Temperatur ungefähr 10 Minuten köcheln lassen. Anschließend vom Herd nehmen und auf 2 Schalen aufteilen.

Kokosöl in einer Pfanne erhitzen und die Birnenspalten und Walnüsse darin anrösten. Mit Agavendicksaft karamellisieren und auf die Hirse geben. Mit Sesam garnieren und warm servieren.

Mit einigen Blaubeeren oder anderen Früchten schmeckt das Porridge noch besser.

GRANOLA

FÜR 1 GROSSES SCHRAUBGLAS (CA. 1 L)

MANDEL-ROSINEN-GRANOLA
mit Kokosjoghurt

DAS BRAUCHST DU

200 g Haferflocken

60 g Mandeln

30 g Sonnenblumenkerne

30 g Kokosraspel

1 Prise Salz

1–2 TL Zimt

60 ml Ahornsirup

5 EL Kokosöl, geschmolzen

20 g Rosinen

Außerdem

300 g Kokosjoghurt

SO GEHT'S

Den Ofen auf 170 °C Umluft vorheizen und ein Backblech mit Backpapier auslegen.

Alle trockenen Zutaten, außer den Rosinen, in eine Schale geben und vermengen. Die flüssigen Zutaten dazugeben und nochmals verrühren.

Alles gleichmäßig auf dem Backblech verteilen und ca. 25–30 Minuten im Ofen backen. Anschließend herausnehmen und vollständig auskühlen lassen.

Den Joghurt auf 2 Schalen verteilen, das Granola darüber verteilen und servieren.

Das Granola mit den Rosinen vermischen und in einem luftdichten Schraubglas aufbewahren.

SANDWICH

Belegtes Brot mit
KAROTTEN-TAHINI-AUFSTRICH UND GURKE

FÜR 2 SANDWICHES

DAS BRAUCHST DU

SO GEHT'S

Karotten-Tahini-Aufstrich

3 Karotten, geschält,
grob geschnitten

Gemüsebrühe

35 g Tahini (siehe S. 22)

1 Prise Salz

1 Prise Curry

1 EL Sesamsamen

Petersilienblätter nach Belieben

Die Karotten in ausreichend Gemüsebrühe kochen, bis sie weich sind. Die Brühe abgießen und die Karotten in eine Schale geben. Tahini, Salz und Curry dazugeben und mit einem Stabmixer cremig pürieren. Sesamsamen in eine kleine Pfanne geben und kurz anrösten. Petersilie auf dem Aufstrich verteilen.

Das Brot nach Belieben toasten. Mit dem Aufstrich bestreichen und den Gurkenscheiben belegen. Mit Salz würzen und zusammenklappen.

Außerdem

2 Scheiben Saaten-Brot (siehe S. 27)

¼ Gurke, in Scheiben geschnitten

Salz

54

PUDDING

FÜR 2 PORTIONEN

CHIA-PUDDING
mit Kokosjoghurt und Maracuja

DAS BRAUCHST DU

60 g Chiasamen

200 ml Kokosmilch

120 g Kokosjoghurt

1 TL Vanille, gemahlen

2 Maracujas

1 EL Kokos-Chips

SO GEHT'S

Alle Zutaten in eine Schale geben und vermengen. Mindestens 10 Minuten oder über Nacht quellen lassen, bis eine Art Pudding entsteht. Maracujas halbieren und das Fruchtfleisch herauslöffeln. Den Chia-Pudding mit dem Maracujafruchtfleisch und den Kokos-Chips servieren.

SMOOTHIE

FÜR 2 PORTIONEN

SMOOTHIE
mit Kirschen und Bananen

DAS BRAUCHST DU

2 Bananen, geschält

120 g TK-Kirschen

80 g TK-Blaubeeren

1 EL Mandelmus (siehe S. 23)

2 EL Leinsamen, geschrotet

300 ml Kokosdrink

SO GEHT'S

Alle Zutaten in einen Mixer geben und cremig mixen. In zwei Gläser füllen und genießen.

Der Kokosdrink kann auch durch einen anderen Pflanzendrink wie z. B. Hafer- oder Mandeldrink ersetzt werden.

BURGËR

GRÜNKERN-BURGER
mit Joppysauce und
Kartoffelwedges

FÜR 4 BURGER

DAS BRAUCHST DU

Burger Buns (siehe S. 35)

Joppysauce
1 Zwiebel, geviertelt
150 ml Sojadrink
150 ml Rapsöl
10 ml Apfelessig
1 TL Currypulver
1 TL Salz
5 Gewürzgurken, fein gewürfelt

Kartoffelwedges
500 g festkochende Kartoffeln,
geviertelt
1 TL Salz
1 TL Paprikapulver
50 ml neutrales Pflanzenöl

Grünkern-Pattys
150 g Grünkernschrot
300 ml Wasser
1 Zwiebel, fein gewürfelt
10 g Salz
50 g Buchweizenmehl

Außerdem
Bratöl zum Anbraten
4 Blätter Lollo Rosso
2 rote Zwiebeln, in Ringe geschnitten
Ketchup nach Belieben

SO GEHT'S

Für die Joppysauce alle Zutaten, bis auf
die Gewürzgurken, in einen Mixer geben und ca. 1–2 Minuten auf höchster
Stufe zu einer glatten Creme mixen. Die
Gewürzgurken unter die Creme heben.

Den Backofen auf 200 °C Umluft vorheizen. Für die Kartoffelwedges die
Kartoffeln mit Salz, Paprika und Öl
vermischen, auf ein mit Backpapier ausgelegtes Backblech legen und im Ofen
ca. 30 Minuten backen.

Für die Grünkern-Pattys das Grünkernschrot mit Wasser in einem Topf aufkochen und quellen lassen. Sobald der
Grünkern das Wasser komplett aufge-
sogen hat, vom Herd nehmen und kurz
abkühlen lassen. Die restlichen Zutaten
zugeben und miteinander vermengen.
Aus der Grünkernmasse 4 Pattys formen
und in einer beschichteten Pfanne in
reichlich heißem Bratöl ausbraten.

Die Burger Buns aufschneiden. Auf die
Unterseite zuerst etwas Joppysauce
streichen, dann je ein Salatblatt darauf-
legen, das Patty auf den Salat setzen,
Zwiebeln und Ketchup darauf verteilen
und mit der Oberseite abdecken.

SALÄT

FÜR 2 PORTIONEN

RUCOLASALAT mit mediterranem Ofengemüse

DAS BRAUCHST DU

1 Zwiebel, geviertelt

1 rote Paprika,
klein geschnitten

1 Fenchel,
in Streifen geschnitten

1 Zucchini,
in Scheiben geschnitten

Salz

1 TL Kräuter der Provence

2 EL Olivenöl

80 g Rucola

1 EL Balsamico

2 EL Pinienkerne

60 g veganer Feta,
gewürfelt

SO GEHT'S

Den Ofen auf 200 °C Umluft vorheizen und ein Backblech mit Backpapier auslegen. Das vorbereitete Gemüse in eine Schale geben und Salz, Kräuter sowie Olivenöl dazugeben. Gut vermengen, auf das Backblech geben und ca. 25–30 Minuten im Ofen rösten.

Den Rucola waschen und in eine Servierschale geben. Das gegrillte Gemüse dazugeben und mit Balsamico vermengen. Die Pinienkerne kurz in der Pfanne ohne Fett anrösten und unter den Salat mischen. Mit dem veganen Feta servieren.

PASTA

FÜR 2 PORTIONEN

SCHNELLE PASTA
mit Gemüse und Pinienkernen

DAS BRAUCHST DU

300 g rote Paprika,
klein geschnitten

2 TL Olivenöl

350 ml Gemüsebrühe

150 g Pasta nach Belieben

1 kleine Zwiebel,
fein gewürfelt

1 Zucchini,
klein gewürfelt

1 TL Kräuter der Provence

Salz

15 Basilikumblätter

1 EL schwarze Oliven, entsteint

2 EL Pinienkerne

SO GEHT'S

Die Paprika kurz mit 1 TL Olivenöl in einem Topf anrösten und mit Gemüsebrühe ablöschen. Köcheln lassen, bis die Paprika weich ist. Mit einem Stabmixer pürieren und beiseitestellen.

Die Pasta nach Packungsangabe zubereiten.

In der Zwischenzeit die Zwiebelwürfel mit dem restlichen Olivenöl in einer beschichteten Pfanne anbraten. Die Zucchini dazugeben, kurz mit anbraten und bissfest garen.

Die Paprikasauce sowie die getrockneten Kräuter zugeben und mit Salz abschmecken. Basilikum und Pasta untermischen und mit den Oliven sowie den Pinienkernen servieren.

Wer mag, kann noch etwas veganen Feta auf der Pasta verteilen.

PIZZA

FÜR 4 PORTIONEN

DAS BRAUCHST DU

Pizzateig (siehe S. 39)

Pizzasauce
2 EL neutrales Pflanzenöl
2 Knoblauchzehen, klein gewürfelt
½ TL gerebelter Oregano
1–2 TL Zucker
250 ml passierte Tomaten
Salz, Pfeffer
20 Basilikumblätter, in Streifen geschnitten

„Käse"
100 g vegane Margarine
20 g Melasse Hefeflocken
50 g Dinkelmehl (Type 630)
½ TL Salz
100 ml vegane Sahne
(siehe S. 21)
200 ml Wasser

Knoblauchöl
6 Knoblauchzehen, geschält
Salz
300 ml neutrales Pflanzenöl

Belag
60 g Piri Piri Chilischoten (Glas), abgetropft
4 rote Zwiebeln, in Streifen geschnitten
1 grüne Paprikaschote, in Streifen geschnitten
1 gelbe Paprikaschote, in Streifen geschnitten

Außerdem
20 Basilikumblätter

PIZZA DIAVOLO
mit Knoblauchöl

SO GEHT'S

Für die Sauce Öl in einem kleinen Topf erhitzen. Knoblauch, Oregano und Gewürze darin anschwitzen. Passierte Tomaten zugeben und bei niedriger Temperatur ziehen lassen. Mit Salz und Pfeffer abschmecken und den Basilikum unterrühren.

Für den „Käse" Margarine in einem Topf erhitzen. Hefeflocken, Mehl und Salz zugeben und gut vermischen. Mit Sahne und Wasser auffüllen. Alles gut miteinander verrühren, damit die Creme frei von Klümpchen ist.

Für das Knoblauchöl Knoblauch mit etwas Salz und dem Öl mit einem Pürierstab fein mixen. Durch ein feines Sieb passieren und in eine saubere Glasflasche füllen. Das Knoblauchöl hält sich gekühlt mehrere Wochen.

Den Backofen auf 250 °C Umluft vorheizen. Den Pizzateig in vier Portionen teilen und dünn ausrollen. Die Pizzasauce auf dem Teig verstreichen und den „Käse" darauf verteilen. Mit Chilis, Zwiebel- und Paprikastreifen belegen und mit etwas Knoblauchöl beträufeln.

Die Pizza im Ofen ca. 10 Minuten knusprig backen. Aus dem Ofen nehmen, frisches Basilikum auf der Pizza verteilen und heiß genießen.

CURRY

FÜR 2 PORTIONEN

DAS BRAUCHST DU

Kartoffel-Curry

2 EL rote Currypaste

250 g festkochende Kartoffeln,
klein gewürfelt

200 ml Kokosmilch

50 ml passierte Tomaten

100 ml Wasser

50 g Kichererbsen (Glas oder Dose)

50 g Babyspinat

Pfannenbrot

100 g Dinkelmehl (Type 630)

½ EL Backpulver

50 ml Wasser

½ TL Zucker

1 Prise Kreuzkümmelpulver

¼ TL Salz

KARTOFFEL-CURRY
mit schnellem Pfannenbrot

SO GEHT'S

Für das Curry in einer großen Pfanne die Currypaste erhitzen, die Kartoffelwürfel zufügen und ca. 5 Minuten unter ständigem Rühren anbraten. Kokosmilch, passierte Tomaten, Wasser und Kichererbsen zugeben und ca. 20–25 Minuten köcheln lassen, bis die Kartoffeln fertig gegart sind. Kurz vor dem Servieren den Spinat unterrühren.

Für das Pfannenbrot alle Zutaten in eine Rührschüssel geben und so lange kneten, bis ein homogener Teig entsteht. Den Teig in 4 gleich große Kugeln aufteilen und jede Kugel dünn ausrollen. Eine Pfanne erhitzen und die Teigstücke einzeln von jeder Seite ca. 2 Minuten braten.

Das Curry auf tiefen Tellern anrichten. Das Brot dazu servieren.

PUFFER

Gebackene **ZUCCHINI-PUFFER**
mit Pilzrahmsauce

FÜR 2 PORTIONEN

DAS BRAUCHST DU

Pilzrahmsauce

2 EL vegane Margarine

250 g Champignons,
in Scheiben geschnitten

1 Schalotte, fein gewürfelt

1 Knoblauchzehe, fein gewürfelt

50 ml veganer Weißwein, trocken

100 ml vegane Sahne (siehe S. 21)

1 EL vegane Crème fraîche

Salz, Pfeffer

Zucchini-Puffer

1 EL Leinsamenschrot

3 EL heißes Wasser

200 g Zucchini, grob gerieben

200 g mehligkochende Kartoffeln,
grob gerieben

2–3 EL Kartoffelstärke

Salz, Pfeffer

Muskatnuss

½ Bund glatte Petersilie,
gehackt

2 EL neutrales Pflanzenöl

SO GEHT'S

Die Margarine in einer Pfanne erhitzen, die Champignons darin anbraten und herausnehmen. Anschließend die Schalotte und den Knoblauch in der Pfanne anschwitzen. Mit Weißwein ablöschen und ca. 5 Minuten einkochen.

Pilze, Sahne und Crème fraîche zufügen und weitere 5 Minuten köcheln lassen. Mit Salz und Pfeffer würzen. Warm stellen.

Die Leinsamen mit dem Wasser verrühren und ca. 5 Minuten quellen lassen.

Zucchini- und Kartoffelraspel in einem Küchenhandtuch ausdrücken und mit den gequollenen Leinsamen und der Stärke vermischen. Alles mit Salz, Pfeffer und frisch geriebener Muskatnuss würzen. Petersilie unter die Zucchini-Kartoffel-Masse heben.

Das Öl in einer beschichteten Pfanne erhitzen. Die Masse in kleinen Portionen in die Pfanne geben, etwas flach drücken und ca. 3–4 Minuten von jeder Seite goldbraun braten.

Die fertigen Puffer auf einem Teller mit Küchenpapier abtropfen lassen. Mit der Pilzrahmsauce servieren.

71

SUPPE

FÜR 4 PORTIONEN

ERBSENSUPPE
mit frischer Minze und Spinat

DAS BRAUCHST DU

1 EL Olivenöl

2 Schalotten, fein gewürfelt

1 Knoblauchzehe, fein gewürfelt

3 cm Ingwer, fein gewürfelt

500 g TK-Erbsen

750 ml Gemüsebrühe

ca. 10 Blättchen frische Minze

100 g Blattspinat

100 ml vegane Sahne (siehe S. 21)

Saft von ½ Zitrone

Salz, Pfeffer

4 EL Kürbiskerne

SO GEHT'S

Olivenöl in einem Topf erhitzen und die Schalotten und den Knoblauch kurz darin dünsten. Den Ingwer und die Erbsen dazugeben und weitere 3–5 Minuten dünsten. Mit der Gemüsebrühe ablöschen und ca. 10 Minuten köcheln lassen.

Minze, Spinat und Sahne hinzugeben. Alles pürieren, bis eine glatte Suppe entsteht. Mit Zitronensaft, Salz und Pfeffer würzen. Die Kürbiskerne in einer Pfanne ohne Fett kurz rösten.

Die Suppe auf Schalen aufteilen, mit Kürbiskernen garnieren und sofort servieren.

Für etwas mehr Biss einfach einige Erbsen vor dem Pürieren beiseitelegen, um sie später als kleine Einlage für die Suppe zu verwenden.

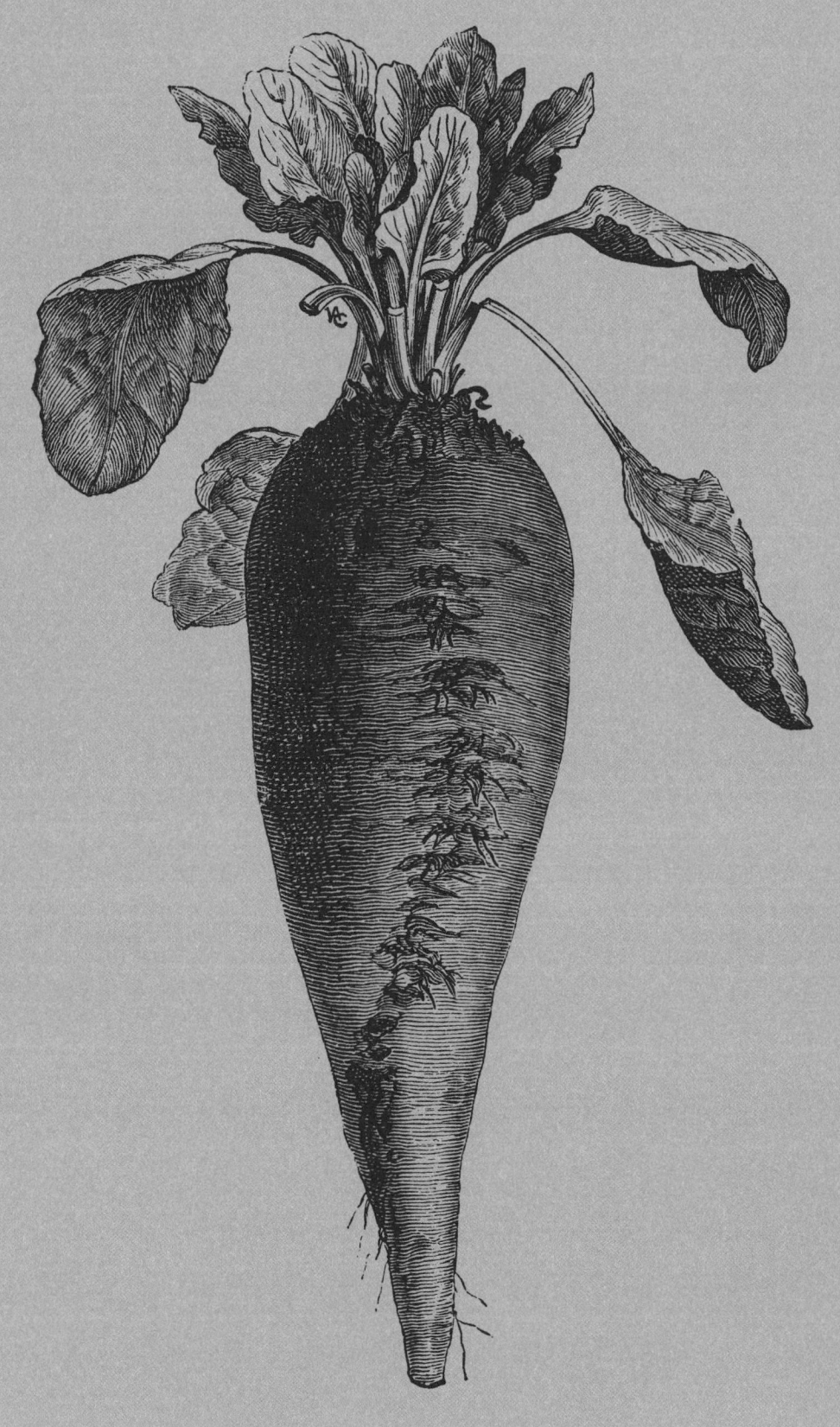

WOCHE 2

Super! Die ersten sieben Tage sind geschafft… Weiter geht's mit vielen leckeren Rezeptvorschlägen für die zweite Woche. Hier gibt's natürlich wieder die Möglichkeit fürs Meal Prepping. Etwas schmeckt dir besonders gut? Dann bereite doch gleich die doppelte Menge für den nächsten oder übernächsten Tag zu. Vegan zu essen, kann so einfach sein.

LEGENDE

● ● ○   wenig Zutaten, schnelle Zubereitung
● ● ○   einfach, jedoch etwas Zeit einplanen
● ● ●   etwas mehr (Zeit-)Aufwand

WOCHE 2
MEAL PREP

Auch in deiner zweiten Woche lassen sich einige Rezepte finden, die du sehr gut vorbereiten und am nächsten Tag essen kannst. Und weil auch kleine Sünden einfach sein MÜSSEN, gibt's ein Bonus-Rezept für saftig-leckere Walnuss-Muffins mit Banane und Schokolade (siehe S. 107).

In deiner 2. WOCHE kannst du folgende Rezepte sehr gut vorbereiten:

☐ 1 Vollkorntoastbrot (siehe S. 28) ⟶

☐ Kräuter-Mandelaufstrich (siehe S. 79) hält sich im Kühlschrank ca. 2–3 Tage

☐ Knuspermüsli (siehe S. 80) hält sich gut verschlossen mind. 1 Woche

☐ Matcha-Overnight-Oats (siehe S. 84) halten im Kühlschrank 1–2 Tage

☐ Chiapudding mit Beeren (siehe S. 88) hält sich im Kühlschrank 1–2 Tage

☐ Kräuterbutter-Kumpir mit Feigen-Linsensalat und Schwarze-Bohnen-Hummus (siehe S. 104) ⟶

Das VOLLKORNTOASTBROT am besten wie das Saaten-Brot gleich am Wochenanfang backen, in Scheiben schneiden und einfrieren. Bei Bedarf nimmst du dir dann immer einzelne Brotscheiben aus dem Tiefkühlfach und toastest sie dir.

Dieses Rezept ist ideal fürs Meal Prepping, denn du kannst die Kräuterbutter, den Salat und den Hummus 1–2 Tage vor dem Verzehr zubereiten. Selbst die Kartoffeln lassen sich schon vorab garen und dann nur noch im Ofen erwärmen.

TIPP: Restwärme vom Brotbacken für die Walnuss-Muffins nutzen! Das Rezept hierfür findest du auf Seite 107.

AUFSTRICH

FÜR CA. 200 G

Brot mit
KRÄUTER-MANDEL-AUFSTRICH

DAS BRAUCHST DU

SO GEHT'S

Kräuter-Mandel-Aufstrich

1 TL neutrales Pflanzenöl

½ Zwiebel, fein gewürfelt

1 kleine Knoblauchzehe, gehackt

1 Bund gemischte Kräuter
(z. B. Petersilie, Basilikum, Bärlauch), gehackt

165 g Mandelmus (siehe S. 23)

1 TL edelsüßes Paprikapulver

1 TL Currypulver

Salz

Brot

4 Scheiben Kartoffelbrot (siehe S. 31)

Für den Aufstrich in einer kleinen Pfanne das Öl erhitzen und die Zwiebelwürfel darin glasig dünsten. Dann etwas auskühlen lassen.

Zusammen mit den restlichen Zutaten gut vermischen. Mit Salz abschmecken und ca. 4 Stunden kalt stellen.

Den Aufstrich auf den Brotscheiben verteilen und servieren.

MÜSLI

FÜR CA. 500 G

KNUSPERMÜSLI
mit Nüssen und Beeren

DAS BRAUCHST DU

2 EL Kokosöl

100 g kernige Haferflocken

150 g Buchweizengrütze

50 g Walnusskerne, gehackt

35 g Kürbiskerne

60 g getrocknete Beeren
nach Belieben

2 EL Agavendicksaft

2 EL Kokosblütenzucker

SO GEHT'S

Den Backofen auf 180 °C Ober- und Unterhitze vorheizen. Das Backblech mit Backpapier belegen. Das Kokosöl bei geringer Temperatur schmelzen und anschließend abkühlen lassen. Sobald es abgekühlt ist, mit den angegebenen Zutaten in einer Schüssel vermischen.

Alles dünn auf dem Backblech verteilen und im Backofen ca. 15–18 Minuten rösten, bis das Knuspermüsli goldbraun ist. Dabei einmal wenden. Herausnehmen, auskühlen lassen.

Den Rest des Müslis in eine lufttdicht verschlossene Schüssel geben. So hält sich das Knuspermüsli mindestens 1 Woche. Mit Pflanzendrink oder Kokosjoghurt genießen.

BOWL

FÜR 2 PORTIONEN

Tropische
MANGO-KOKOS-BOWL
mit Minze

DAS BRAUCHST DU

1 reife Banane

½ Mango, klein geschnitten

½ Bund Koriander

10 Minzblätter

4 EL Kokosraspel

2 EL Tahini (siehe S. 22)

200 ml Kokosdrink
oder -wasser

SO GEHT'S

Alle Zutaten zusammen in einen Mixer
geben und so lange pürieren, bis eine
cremige und glatte Masse entsteht.

Auf Schalen aufteilen und garnieren.

*Als Topping passen Maracuja, Minze, Kokos-
raspel und -flocken sowie helle Sesamsamen
gut zu dieser Bowl.*

OATS

FÜR 2 PORTIONEN

MATCHA-OVERNIGHT-OATS
mit Kokos und Spirulina

DAS BRAUCHST DU

6 EL Chiasamen

2 EL Kokosraspel

2 TL Matcha-Pulver

1 TL Spirulinapulver

2 EL Agavendicksaft

½ TL Zimtpulver

200 ml Pflanzendrink (siehe S. 18/19)

Zum Servieren

Blaubeeren, Minze und
Pekannüsse nach Belieben

SO GEHT'S

Alle Zutaten gut miteinander vermischen
und mindestens 10 Minuten, am besten
aber in einem luftdichten Behälter über
Nacht, kalt stellen.

*Bei Matcha-Pulver unbedingt auf die
Qualität achten: je grüner, desto besser.*

PORRIDGE

FÜR 2 PORTIONEN

SCHOKOLADEN-PORRIDGE
mit Hanfsamen

DAS BRAUCHST DU

120 g Haferflocken
360 ml Kokosdrink
1 TL Zimt
2 TL Kakaopulver
2 TL Kakao-Nibs

Zum Servieren
2 TL Hanfsamen, geschält
2 TL Kakao-Nibs

SO GEHT'S

Alle Zutaten in einen kleinen Topf
geben und erhitzen. Etwa 10 Minuten
köcheln lassen und auf zwei Schalen
verteilen. Mit den Hanfsamen und den
Kakao-Nibs servieren.

*Für etwas mehr Frische kannst du noch eine
in Scheiben geschnittene Banane auf dem
Porridge verteilen.*

PUDDING

FÜR 2 PORTIONEN

CHIAPUDDING
mit Beeren, Nüssen und Saaten

DAS BRAUCHST DU

100 ml Kokosmilch

2 EL Ahornsirup

100 g TK-Beeren

1 TL Zimt

Saft von 1 Zitrone

60 g Chiasamen

Zum Servieren

Saaten, Beeren und Nüsse
nach Belieben

SO GEHT'S

Alle Zutaten, bis auf die Chiasamen, in einen Mixer geben und cremig mixen. Die Beerensauce mit den Chiasamen in eine Schale geben und miteinander verrühren. Etwa 10 Minuten oder über Nacht quellen lassen, bis eine Art Pudding entsteht. Mit Saaten und Nüssen servieren.

SANDWICH

FÜR 4 SANDWICHES

VOLLKORN-SANDWICH
mit Avocado, Tomate und Gurke

DAS BRAUCHST DU

8 Scheiben Vollkorntoastbrot
(siehe S. 28)

2 reife Avocados,
in dünne Spalten geschnitten

Saft ½ Zitrone

Salz, Pfeffer

½ Salatgurke,
in Scheiben geschnitten

50 g Babyspinat

2 Tomaten,
in Scheiben geschnitten

20 Basilikumblätter

SO GEHT'S

Die Toastbrotscheiben nach Belieben
rösten, die Hälfte davon auslegen und
die Avocadospalten nebeneinander
darauf verteilen. Mit etwas Zitronensaft beträufeln und mit Salz und Pfeffer
würzen. Darüber die Gurkenscheiben,
Spinatblätter, Tomatenscheiben und das
Basilikum schichten und mit den restlichen Brotscheiben bedecken.

Die Sandwiches mit je 2 Holzspießen
fixieren, diagonal durchschneiden, auf
Tellern anrichten und servieren.

PASTA

DINKELSPAGHETTI
mit Pilzrahmsauce

FÜR 2 PORTIONEN

DAS BRAUCHST DU

2 EL neutrales Pflanzenöl

1 Schalotte, klein geschnitten

1 Knoblauchzehe, gehackt

400 g gemischte Pilze der Saison,
in Stücke geschnitten

½ TL edelsüßes Paprikapulver

1 EL Weizenmehl

2 EL veganer Weißwein

150 ml Gemüsebrühe

Salz, Pfeffer

75 ml vegane Sahne (siehe S. 21)

½ TL Zitronensaft

1 EL Petersilie, fein gehackt

1 EL Schnittlauch,
in Röllchen geschnitten

300 g Dinkelspaghetti

SO GEHT'S

Öl in einem Topf erhitzen, Schalotten und
Knoblauch darin dünsten. Pilze zugeben,
mit Paprikapulver bestäuben und kurz mit-
dünsten. Mehl hinzugeben und mit Weißwein und Brühe ablöschen. Salzen, pfeffern
und ca. 5 Minuten leicht köcheln lassen.
Dabei gelegentlich umrühren. Zum Schluss
die Sahne zugießen, aufkochen lassen
und die Sauce mit Zitronensaft verfeinern.
Nochmals abschmecken und die Kräuter
unterheben.

Dinkelspaghetti in reichlich Salzwasser
nach Packungsangabe bissfest kochen.
Pilzrahmsauce auf die Spaghetti geben
und servieren.

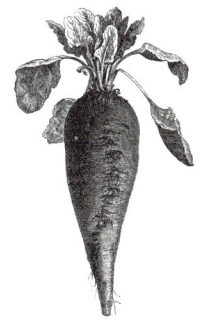

SUPPË

CURRY-INGWER-SUPPE
mit Kokoskrokant

FÜR 4 PORTIONEN

DAS BRAUCHST DU

Kokoskrokant

2 EL brauner Zucker

3 EL Kokosraspel

Chiliflocken

Suppe

1 ½ EL Currypulver

35 g Kokosöl

je 125 g Lauch, Knollensellerie, Fenchel, Staudensellerie, klein geschnitten

2 Schalotten, klein gewürfelt

1 EL neutrales Pflanzenöl

2,5 cm Ingwer, klein gehackt

2 Stangen Zitronengras, das Innere klein geschnitten

180 ml veganer Weißwein

750 ml Kokosmilch

Salz

½ rote Chilischote, fein gehackt

SO GEHT'S

Für den Krokant den Zucker in einer Pfanne schmelzen. Die Kokosraspel darin goldbraun rösten und karamellisieren. Mit einigen Chiliflocken würzen.

Für die Suppe das Kokosöl in einem Topf erhitzen. Die Schalotten und das Gemüse darin anschwitzen.

Currypulver, Ingwer und Zitronengras zugeben und kurz mit anschwitzen. Mit Weißwein ablöschen. 50 ml Kokosmilch abmessen und beiseitestellen.

Mit der übrigen Kokosmilch aufgießen.

Chili zugeben und bei geringer Temperatur köcheln lassen, bis das Gemüse weich ist.

Die Suppe nur kurz mit einem Pürierstab mixen. Mit Salz abschmecken.

Zum Anrichten die restliche Kokosmilch leicht erwärmen und mit einem Milchaufschäumer aufschäumen. Die Suppe anrichten und obenauf etwas Schaum geben. Mit Kokoskrokant bestreut servieren.

TALER

QUINOATALER
auf Kartoffelpüree und Feldsalat

FÜR 2 PORTIONEN

DAS BRAUCHST DU

SO GEHT'S

Kartoffelpüree
500 g mehligkochende Kartoffeln,
geschält und geviertelt
Salz
125 ml Pflanzendrink (siehe S. 18/19)
Pfeffer
Muskatnuss nach Belieben
75 g vegane Margarine

Die Kartoffeln in kochendem Salzwasser ca.
25 Minuten kochen. Noch warm mit dem
Pflanzendrink, Pfeffer, frisch geriebener
Muskatnuss und Margarine zu einem feinen
Püree verarbeiten. Bis zum Servieren warm
halten.

Quinoa-Bratlinge
50 g Quinoa
110 ml Wasser
Salz
½ rote Zwiebel,
fein gewürfelt
½ rote Paprikaschote,
fein gewürfelt
Oregano, gerebelt
Kreuzkümmel, gemahlen
1–2 TL Buchweizenmehl
2 EL Bratöl

Für die Bratlinge die Quinoa mit gesalzenem Wasser in einem Topf zum Kochen
bringen und ca. 20 Minuten köcheln
lassen. Abgießen, in eine große Schüssel
geben und abkühlen lassen.

Die Zwiebel- und Paprikawürfel zusammen
mit den Gewürzen und dem Buchweizenmehl zur Quinoa geben und mit den Händen verkneten. Aus der Masse Bratlinge
formen und in einer heißen, beschichteten
Pfanne mit ausreichend Bratöl ausbraten.

Salat
150 g Feldsalat

Joghurtdressing
200 ml Sojajoghurt
1 EL Apfelessig
1 TL mittelscharfer Senf
2 EL Rapsöl
½ TL Zucker
Salz

Für das Joghurtdressing alle Zutaten zusammen in einen Mixbecher geben und
vermischen. Mit Salz abschmecken. Zum
Anrichten das Kartoffelpüree mit einem
Löffel kreisförmig auf den Tellern verteilen.
Den Salat mit dem Dressing vermengen
und mittig auf dem Püree platzieren. Zum
Schluss die Quinoa-Bratlinge auf dem Salat
anrichten.

QUINOÄ

FÜR 2 PORTIONEN

SAFRAN-QUINOA
mit Datteln

DAS BRAUCHST DU

1 TL Kokosöl

1 kleine weiße Zwiebel,
fein gewürfelt

1 kleine Karotte,
klein geschnitten

1 Stange Staudensellerie,
klein geschnitten

200 g Quinoa

400 ml Gemüsebrühe

1 Prise Safranfäden

1 Prise edelsüßes Paprikapulver

1 Prise gemahlener Koriander

1 Prise gemahlener Ingwer

30 g entsteinte Datteln,
klein gehackt

25 g Mandeln, gehackt

1 EL Sesamsamen

Zum Servieren

Petersilienblätter nach Belieben

SO GEHT'S

Kokosöl in einen Topf geben, erhitzen
und die Zwiebel darin dünsten, bis sie
glasig ist. Karotte und Sellerie zugeben
und kurz mit dünsten.

Quinoa zugeben, mit der Gemüsebrühe
ablöschen und etwas köcheln lassen.
Safran, Paprikapulver, Koriander und
Ingwer dazugeben und umrühren. Alles
etwa 10–12 Minuten köcheln lassen,
bis das Gemüse noch bissfest und die
Quinoa fast weich ist. Die Datteln unterheben.

Die Mandeln mit den Sesamsamen kurz
in einer Pfanne rösten. Safran-Quinoa in
eine Schale geben, mit Mandeln sowie
Sesamsamen bestreuen und mit Petersilie servieren.

*Für eine cremige Komponente kann noch et-
was Tahini (siehe S. 22) zum Gericht gereicht
werden.*

RISOTTÖ

KÜRBIS-RISOTTO
aus Hokkaido

FÜR 2 PORTIONEN

DAS BRAUCHST DU

Kürbispüree

¼ Hokkaidokürbis (ca. 200 g), entkernt

1 EL Olivenöl

Salz, Pfeffer

½ TL Muskatnuss

Risotto

2 EL Olivenöl

½ Zwiebel, fein gewürfelt

2 Knoblauchzehen, gehackt

150 g Risottoreis

125 ml veganer Weißwein

500 ml Gemüsebrühe

75 ml Kokosmilch

Salz, Pfeffer

SO GEHT'S

Den Ofen auf 180 °C Umluft vorheizen und ein Backblech mit Backpapier auslegen. Für das Kürbispüree den Hokkaidokürbis auf das Blech legen, mit Olivenöl bestreichen und ca. 30–35 Minuten weich garen. Den Kürbis aus dem Ofen nehmen, leicht abkühlen lassen, in eine Rührschüssel geben und pürieren oder zerstampfen. Mit Salz, Pfeffer und frisch geriebener Muskatnuss würzen.

Für das Risotto Olivenöl in einem Schmortopf erhitzen und die Zwiebel darin anschwitzen, bis sie glasig ist. Knoblauch und Risottoreis dazugeben und mit dünsten. Mit Weißwein ablöschen. Nach und nach die Gemüsebrühe dazugeben und unter stetigem Rühren köcheln lassen, bis der Reis gar, aber noch bissfest ist.

Zum Ende der Garzeit die Kokosmilch und das fertige Kürbispüree unterrühren und weitere 5 Minuten köcheln lassen. Den Topf vom Herd nehmen, das Risotto kurz ziehen lassen und mit Salz und Pfeffer würzen.

Kürbisspalten und Gemüsechips bieten sich hervorragend als Topping an.

ZOODLËS

ZOODLES
mit Räuchertofu und „Parmesan"

FÜR 2 PORTIONEN

DAS BRAUCHST DU

„Parmesan"

50 g Walnusskerne

10 g Melasse Hefeflocken

Salz

Carbonarasauce

½ rote Zwiebel,
fein gewürfelt

2 Knoblauchzehen,
gehackt

125 g Räuchertofu,
gewürfelt

1 EL neutrales Pflanzenöl

Salz, Pfeffer

10 g Melasse Hefeflocken

200 ml vegane Sahne (siehe S. 21)

100 ml Wasser

Zoodles

500 g Zucchini

1 EL vegane Margarine

Salz

SO GEHT'S

Für den „Parmesan" Walnusskerne, Hefeflocken und Salz in einer Küchenmaschine auf pulsierender Stufe zu einem feinen Würzstreu verarbeiten.

Zwiebel, Knoblauch und Tofu in einem Topf in etwas heißem Öl anschwitzen. Salz, Pfeffer und Hefeflocken in den Topf geben, mit der Sahne und dem Wasser auffüllen und gut verrühren. Die Sauce nun bei niedriger Temperatur ziehen lassen.

Die Zucchini mithilfe eines Spiralschneiders zu „Zoodles" verarbeiten. Die Zucchininudeln in einer großen Pfanne in heißer Margarine anbraten und mit Salz abschmecken. Sobald alle Zoodles heiß sind, die Carbonarasauce unterheben und gut vermengen.

Zum Anrichten die Zoodles mit einer Gabel aufwickeln und auf den Tellern platzieren. Zum Abschluss noch den „Parmesan" über den Zoodles verteilen und servieren.

KUMPÏR

FÜR 2 PORTIONEN

DAS BRAUCHST DU

Kartoffeln
2 große festkochende Kartoffeln
Salz

Kräuter „butter"
50 g vegane Margarine
Salz
¼ Bund Petersilie, fein gehackt

Schwarze-Bohnen-Hummus
125 g schwarze Bohnen (Glas oder Dose)
50 g Tahini (siehe S. 22)
1 Knoblauchzehe, gehackt
Kreuzkümmel
Salz
25 ml neutrales Pflanzenöl
25 ml Wasser

Feigen-Linsensalat
75 g rote Linsen
1 Frühlingszwiebel,
in Ringe geschnitten
½ Bund Petersilie, fein gehackt
1 Karotte, geschält, fein gewürfelt
3 getrocknete Feigen,
klein geschnitten
Salz
Ras el Hanout

KRÄUTERBUTTER-KUMPIR
mit Feigen-Linsensalat und Schwarze-Bohnen-Hummus

SO GEHT'S

Die Kartoffeln in Salzwasser ca. 20 Minuten kochen. Den Backofen auf 180 °C Umluft vorheizen. Die Kartoffeln abgießen, abtropfen lassen und im Ofen ca. 1 Stunde garen.

Für die Kräuter „butter" die Zutaten vermengen. In Bienenwachspapier einrollen und kalt stellen.

Für den Hummus die Bohnen mit allen weiteren Zutaten in einem Standmixer cremig mixen.

Für den Linsensalat die Linsen zunächst ca. 30 Minuten in Wasser einweichen. Danach gut waschen und ca. 10 Minuten in kochendem Wasser garen. Anschließend abgießen und sofort mit kaltem Wasser abschrecken.

Linsen und die restlichen Salatzutaten vermischen und den Linsensalat kurz ziehen lassen. Zum Schluss mit Salz und Ras el Hanout abschmecken.

Die Kartoffeln aus dem Ofen nehmen, der Länge nach einschneiden und vorsichtig leicht aufklappen. Je etwas Kräuter „butter" in die Kartoffeln geben und mit einer Gabel einarbeiten. Linsensalat und Hummus daneben anrichten.

Für den Hummus können auch getrocknete Bohnen verwendet werden. Diese über Nacht in reichlich kaltem Wasser einweichen und dann weich kochen.

BONÜS

FÜR 8 MUFFINS

WALNUSS-MUFFINS
mit Banane und Schokolade

DAS BRAUCHST DU

75 g Sojajoghurt

60 g Rohrohrzucker

40 ml neutrales Pflanzenöl

50 g Banane, zerdrückt

Zitronensaft

125 g Weizenmehl

1 TL Weinsteinbackpulver

½ TL Natron

100 ml Kokosdrink

40 g Zartbitterschokolade, gehackt

50 g Walnüsse, gehackt

Mineralwasser

Außerdem
Papierbackförmchen

Puderzucker zum Bestäuben

SO GEHT'S

Den Backofen auf 160 °C Umluft vorheizen. 8 Mulden eines Muffinblechs mit Papierförmchen auskleiden.

Joghurt und Zucker mithilfe eines Handrührgeräts cremig rühren, dann Öl, Banane und etwas Zitronensaft zugeben. Das Mehl mit dem Backpulver und Natron vermischen, dazusieben und unterrühren.

Kokosdrink, Schokolade und Walnüsse hinzufügen und alles zu einem glatten Teig rühren. Falls der Teig zu fest ist, mit einem Schuss Mineralwasser auflockern.

Den Teig gleichmäßig in die Papierförmchen füllen und die Muffins ca. 20 Minuten im Backofen backen.

Die Muffins aus dem Ofen und vom Blech nehmen und auf einem Gitter vollständig auskühlen lassen.

Vor dem Servieren mit Puderzucker bestäuben.

Statt Kokosdrink kann auch jeder andere Pflanzendrink verwendet werden.

DURCHHALTEN!
WOCHE

3

Halbzeit! Hast du schon festgestellt, dass die gemüselastige Kost super zu kombinieren ist? In der dritten Woche könntest du zum Beispiel die Falafel (siehe S. 126) zum Feigen-Linsensalat (siehe S. 104) aus der zweiten Woche servieren. Einfach mal ausprobieren!

LEGENDE

●○○ wenig Zutaten, schnelle Zubereitung
●●○ einfach, jedoch etwas Zeit einplanen
●●● etwas mehr (Zeit-)Aufwand

WOCHE 3
MEAL PREP

Falls du noch Brot eingefroren hast, kannst du in dieser Woche einfach darauf zurückgreifen, zum Beispiel für das Sandwich auf Seite 113. Ansonsten probier' doch mal das Kartoffelbrot- (siehe S. 31) oder das Dinkelvollkornbrot-Rezept (siehe S. 32) aus.

In deiner 3. WOCHE kannst du folgende Rezepte sehr gut vorbereiten:

☐ 1 Brot nach Belieben (siehe S. 27, 28, 31, 32) ———→ *Hast du schon herausgefunden, welches BROT dir für Sandwiches am besten schmeckt? Entscheide einfach selbst, welches du dir auf Vorrat backen möchtest. Aber vielleicht hast du ja sogar noch welches aus den anderen beiden Wochen?*

☐ Erbsen-Hummus (siehe S. 117) hält sich im Kühlschrank mind. 2–3 Tage

☐ Saaten-Granola (siehe S. 121) hält sich gut verschlossen mind. 1 Woche

☐ Gemüsetatar mit Senfmayo auf ———→ *Bei diesem Rezept kannst du die Senfmayo und das Gemüsetatar schon am Vortag zubereiten. Dann fehlen nur noch die Kartoffelrösti, und die sind auch nach einem stressigen Tag sehr schnell zubereitet.*
Kartoffelrösti (siehe S. 130)

☐ Pasta mit Linsenbolognese (siehe S. 133) hält sich im Kühlschrank ein paar Tage

☐ Red Burger Buns (siehe S. 36). Gleich mehr zubereiten und einfrieren ———→ *Die Linsenbolognese lässt sich super im Voraus zubereiten. Am besten gleich die doppelte Portion kochen und die Hälfte einfrieren. Dann hast du noch eine Portion auf Vorrat.*

Wirf doch gleich mal einen Blick auf das BONUS-REZEPT. Wer sagt denn, dass es Kuchen nur am Wochenende gibt? Einfach die Restwärme vom Brotbacken für den Käsekuchen nutzen. Das spart die Energie fürs Vorheizen.

SANDWICH

FÜR 4 SANDWICHES

HUMMUS-SANDWICH
mit Rohkost

DAS BRAUCHST DU

1 Avocado

8 Scheiben Vollkorntoastbrot (siehe S. 28)

2 TL schwarze Sesamsamen

6 TL Hummus (siehe S. 148)

6 Stängel glatte Petersilie, abgezupft

4 Radieschen, in dünne Scheiben geschnitten

250 g Karotten, geraspelt

250 g Rote Bete, geraspelt

30 g Babyspinat

½ Salatgurke, in Scheiben geschnitten

Salz, Pfeffer

SO GEHT'S

Das Avocadofruchtfleisch mit einer Gabel zu einem feinen Mus zerdrücken und auf vier getoasteten Brotscheiben verteilen. Den Sesam darüber streuen und etwas vom Hummus darauf verstreichen. Den restlichen Hummus auf den anderen 4 Toastscheiben verteilen. Anschließend darauf Petersilie, Radieschen, Karotten- und Rote-Bete-Raspel, Spinatblätter und zum Schluss die Gurkenscheiben legen. Mit Salz und Pfeffer würzen.

Dann die mit Avocadocreme und Hummus bestrichenen Brotseiten auflegen. Sofort servieren und genießen.

Bei der Zubereitung von Roter Bete am besten Handschuhe tragen, da das Gemüse sehr stark abfärbt.

BOWL

BOWL mit Heidelbeeren und Banane

FÜR 2 PORTIONEN

DAS BRAUCHST DU

Bowl

100 g Zucchini, grob zerkleinert

2 Bananen

200 g TK-Heidelbeeren

200 g Sojajoghurt

40 g Cashewkerne

Zum Servieren

Beeren (z. B. Him- oder Brombeeren)

Granola, Dinkelflakes,
Kakao-Nibs nach Belieben

SO GEHT'S

Für die Bowl alle Zutaten zusammen in einen Mixer geben und so lange pürieren, bis eine cremige und glatte Masse entsteht.

Auf Schalen aufteilen und nach Belieben mit Beeren, Granola, Dinkelflakes und Kakao-Nibs garnieren.

Statt Sojajoghurt schmeckt auch Kokosjoghurt super.

BRÖT

BROT
mit Erbsenhummus

FÜR CA. 300 G HUMMUS

DAS BRAUCHST DU

Erbsenhummus

100 g TK-Erbsen

100 g Kichererbsen (Glas oder Dose)

80 ml Olivenöl

3 Stängel glatte Petersilie
oder Koriander, fein gehackt

Salz, Pfeffer

Kreuzkümmelpulver

Brot

4 Scheiben Vollkorntoastbrot (siehe S. 28)
oder Dinkelvollkornbrot (siehe S. 32)

Zum Servieren

Radieschen, in Scheiben geschnitten
nach Belieben

Schnittlauch, in Röllchen geschnitten
nach Belieben

SO GEHT'S

Die Erbsen auftauen lassen.

Erbsen, Kichererbsen und Olivenöl mit
einem Stabmixer fein pürieren. Dann
die Petersilie bzw. den Koriander unterrühren, nach Belieben nochmals pürieren oder direkt mit Salz, Pfeffer und
Kreuzkümmel kräftig abschmecken.

Das Erbsenhummus auf geröstete Brotscheiben streichen und servieren.

*Der Hummus hält sich im Kühlschrank
ca. 5 Tage.*

117

BOWL

BOWL mit Erdnuss, Banane und Quinoa

FÜR 2 PORTIONEN

DAS BRAUCHST DU

2 Bananen

2 TL Kakaopulver

8 EL Haferflocken

2 EL Leinsamen, geschrotet

300 ml Kokosdrink

2 EL zuckerfreie Erdnussbutter

Zum Servieren

Kakao-Nibs, gepuffte Quinoa, Nüsse und frische Früchte nach Belieben

SO GEHT'S

Alle Zutaten in einen Mixer geben und vermengen.

Mit Kakao-Nibs, Quinoa und Früchten in einer Schale anrichten.

Statt Kokosdrink schmeckt auch z. B. Cashew- oder Mandeldrink gut dazu. Das passende Rezept findest du auf Seite 19.

GRANOLA

FÜR 15 PORTIONEN

SAATEN-GRANOLA
mit Kokosraspeln
und Gojibeeren

DAS BRAUCHST DU

180 g Haferflocken

50 g Sojaflocken

80 g Mandeln, gehackt

50 g Kürbiskerne

50 g Pistazien

50 g Sonnenblumenkerne

50 g Pekannüsse

2 TL Zimt

½ TL Muskatnuss

150 ml Olivenöl

150 ml Ahornsirup

je 1 TL Zitronen-
und Orangenzesten

Mark von 1 Vanilleschote

50 g Cranberrys

50 g Goji-Beeren

50 g Kokosraspel

SO GEHT'S

Den Backofen auf 140 °C Umluft vorheizen.

Hafer- und Sojaflocken, Mandeln,
Kürbiskerne, Pistazien, Sonnenblumenkerne, Pekannüsse, Zimt und frisch
geriebene Muskatnuss in einer Schüssel
miteinander mischen.

Olivenöl, Ahornsirup, Zitronen- und
Orangenzesten sowie Vanillemark zugeben und ebenfalls untermischen.

Ein Backblech mit Backpapier auslegen
und die Mischung gleichmäßig darauf
verteilen.

Das Müsli im Backofen unter mehrmali-
gem Wenden ca. 40 Minuten knusprig
zu Granola rösten.

Danach abkühlen lassen und Cranberrys, Goji-Beeren sowie Kokosraspel
unterheben.

*Das Granola schmeckt zum Frühstück super
in Kombination mit frischem Obst, Haferdrink oder Sojajoghurt. Auch geeignet als
kleiner Snack für zwischendurch.*

PORRIDGE

APFEL-PORRIDGE
mit Mandeln

FÜR 2 PORTIONEN

DAS BRAUCHST DU

120 g Haferflocken
360 ml Mandeldrink
30 g Mandeln, gehackt
1 Apfel, geraspelt
2 EL Ahornsirup
½ TL Vanille, gemahlen
1 TL Zimt

Zum Servieren
2 EL Mandeln, gehackt
2 TL Kokosblütenzucker
½ Apfel, in Stücke geschnitten

SO GEHT'S

Alle Zutaten in einen kleinen Topf geben
und erhitzen.

Etwa 10 Minuten köcheln lassen und auf
zwei Schalen verteilen. Mit den gehackten
Mandeln, Apfelstücken und Kokosblütenzucker servieren.

*Statt Mandeln kannst du auch gehackte
Haselnüsse oder Walnüsse nehmen.*

SMOOTHIE

FÜR 2 PORTIONEN

MATCHA-SMOOTHIE
mit Ingwer und Banane

DAS BRAUCHST DU

60 g Feldsalat

0,5 cm Ingwer, geschält

1 reife Banane, geschält und halbiert

1 Kiwi, geschält und halbiert

Saft von ½ Zitrone

300 ml Wasser

2 g Bio-Matchapulver

SO GEHT'S

Zunächst Feldsalat und Ingwer, dann die Früchte in einen Hochleistungsmixer geben. Zitronensaft, Wasser und Matchapulver zufügen und pürieren, bis eine sämige Konsistenz erreicht ist.

Den Smoothie in gekühlte Gläser füllen und sofort servieren.

Der Smoothie wird noch erfrischender, wenn du Eiswürfel statt Wasser nimmst.

WRÄP

FÜR 2 PORTIONEN

DAS BRAUCHST DU

Falafel

125 g Kichererbsen, getrocknet
½ Zwiebel, fein gewürfelt
1 Knoblauchzehe, klein gehackt
½ Bund Petersilie, abgezupft
½ Bund Koriander, abgezupft
Salz
15 g Buchweizenmehl
neutrales Pflanzenöl

Wrap

ca. 1/3 Würfel (14 g) Hefe
70 ml Wasser
125 g Dinkelmehl (Type 630)
Salz
½ TL Zucker
neutrales Pflanzenöl

Joghurt-Minz-Dip

1 Zweig Minze, abgezupft
100 ml Sojajoghurt
Salz

Außerdem

1 Romana Salatherz
¼ Salatgurke, gewürfelt
½ rote Zwiebel, in Ringe geschnitten

FALAFEL-WRAP
mit Zwiebeln und
Joghurt-Minz-Sauce

SO GEHT'S

Die Kichererbsen über Nacht, mindestens
8 Stunden, in ausreichend Wasser einweichen.
Für den Wrapteig zunächst die Hefe im Wasser
auflösen. Alle Zutaten miteinander vermengen
und zu einem gleichmäßigen Teig verkneten.
Anschließend mindestens 1 Stunde abgedeckt
ruhen lassen. Das Wasser der Kichererbsen abgießen.

Alle Zutaten für die Falafel, bis auf das Buchweizenmehl, zusammen in einer Küchenmaschine
ca. 2–3 Minuten zu einem Teig verarbeiten.
Sobald keine groben Stücke mehr erkennbar
sind, den Teig mit dem Buchweizenmehl verkneten. Kleine Falafel formen und in einer Pfanne
in reichlich heißem Öl von beiden Seiten braun
braten.

Den Hefeteig in 2 Portionen aufteilen und dünne
runde Fladen (Ø ca. 22–25 cm) ausrollen. Mit
etwas Öl einpinseln und in einer großen, heißen
Pfanne anbraten.

Für den Joghurt-Minz-Dip alle Zutaten in einen
Mixbecher geben und fein pürieren.

Jeden Wrap mit Joghurt-Minz-Dip bestreichen.
Salatblätter, Gurke, Zwiebel und je 3–4 Falafel
darauf verteilen und aufrollen.

SALAT

FÜR 2 PORTIONEN

ASIATISCHER REISNUDELSALAT
mit mariniertem Tofu

DAS BRAUCHST DU

Salat
200 g Papaya, klein geschnitten
1 TL Limettensaft
150 g Reisnudeln
2 Karotten, in Streifen geschnitten
150 g Salatgurke, gewürfelt
½ Bund Frühlingszwiebeln,
in Ringe geschnitten
150 g Romanasalat,
in Streifen geschnitten
½ Bund Koriander, gehackt
30 g ungesalzene Erdnüsse,
klein gehackt
Tofu
1 EL Sesamöl
150 g Natur-Tofu, gewürfelt
1 EL Sojasauce
1 EL Reissirup
1 TL schwarze Sesamsamen
Dressing
Saft von 2 Limetten
0,5 cm Ingwer, geschält und gehackt
2 EL Erdnussöl
1 EL Reissirup
2 TL Sesamöl
1 TL Korianderkörner, geschrotet
1 Prise Chiliflocken
Salz, Pfeffer
Außerdem
1 unbehandelte Limette,
in Spalten geschnitten

SO GEHT'S

Die Papaya mit Limettensaft beträufeln.

Die Reisnudeln nach Packungsangabe zubereiten. Danach sofort mit kaltem Wasser abschrecken und in einem Sieb gut abtropfen lassen. Anschließend mit Karotten, Gurken, Frühlingszwiebeln und einigen Papayastücken vermischen.

Das Sesamöl in einer Pfanne erhitzen und die Tofustücke darin kross anbraten. Mit Sojasauce ablöschen und mit Reissirup karamellisieren. Die Tofustücke aus der Pfanne nehmen, mit den Sesamkörnern vermischen und beiseitestellen.

Für das Dressing den Limettensaft bis auf 2 EL mit den restlichen Zutaten verrühren. Abschmecken, über den Salat gießen und gut unterrühren.

Zum Servieren jeweils den Romanasalat verteilen und mit je 1 EL Limettensaft beträufeln. Zwei Drittel Koriander unter den Reisnudelsalat heben und zusammen mit den restlichen Zutaten anrichten. Mit Koriander und Erdnüssen bestreuen. Nach Belieben mit Limettenspalten garnieren.

TATÄR

FÜR 2 PORTIONEN

GEMÜSETATAR
mit Senfmayo
auf Kartoffelrösti

DAS BRAUCHST DU

je 50 g Fenchel, Karotte,
Gurke ohne Kerne,
gelbe Paprikaschote, Staudensellerie,
klein gewürfelt

Salz

1 Frühlingszwiebel,
fein gewürfelt

½ Knoblauchzehe,
fein gehackt

Pfeffer

3 EL vegane Mayo (siehe S. 20)

1 TL körniger Senf

1 TL mittelscharfer Senf

1 TL Kapern, gehackt

etwas Estragon und Petersilie,
gehackt

etwas Zitronensaft

500 g festkochende Kartoffeln,
geschält und fein gerieben

1 kleine Zwiebel,
fein gewürfelt

2 EL Weizenmehl

4 EL neutrales Pflanzenöl

SO GEHT'S

Fenchel- und Karottenwürfel kurz in Salzwasser blanchieren und kalt abschrecken. Mit dem restlichen Gemüse, Frühlingszwiebelwürfeln und Knoblauch vermischen und mit Salz und Pfeffer sehr mild abschmecken.

Für die Sauce Mayo, Senf, Kapern und Kräuter vermengen und mit Salz, Pfeffer und Zitronensaft abschmecken.

Die geriebenen Kartoffeln in einem Küchentuch gut ausdrücken. Zwiebelwürfel und Mehl unter die Kartoffeln mischen, mit Salz und Pfeffer würzen und in einer heißen Pfanne mit etwas Öl kleine, dünne Rösti ausbacken. Das Gemüse mit der Senfmayo vermengen, nochmals abschmecken und auf den Rösti anrichten.

PASTA

FÜR 2 PORTIONEN

PASTA
mit Linsenbolognese

DAS BRAUCHST DU

200 g rote Linsen

2 EL Olivenöl

1 Schalotte, fein gewürfelt

1 Knoblauchzehe, fein gehackt

1 Stange Staudensellerie, fein gewürfelt

1 Karotte, fein gewürfelt

2 Lorbeerblätter

1 Zweig Rosmarin

1 Zweig Thymian

150 ml veganer Rotwein

½ EL Tomatenmark

750 ml passierte Tomaten

100 ml Wasser

Salz, Pfeffer

250 g Pasta

Außerdem

Öl zum Beträufeln

SO GEHT'S

Die Linsen sorgfältig waschen, abtropfen lassen und beiseitestellen.

Das Olivenöl in einem großen Schmortopf erhitzen. Schalotte, Knoblauch und Sellerie darin dünsten, bis sie glasig sind. Die Linsen mit den Karotten, den Lorbeerblättern und den frischen Kräutern in den Topf geben und mit dünsten. Mit Rotwein ablöschen. Umrühren, bis der Alkohol verdampft ist und die Flüssigkeit auf die Hälfte eingekocht ist. Tomatenmark und Tomaten hinzufügen, kurz aufkochen lassen und anschließend bei niedriger Hitze im geschlossenen Topf ca. 30 Minuten köcheln lassen, bis die Linsen gar sind. Dabei immer mal wieder umrühren. Ggf. Wasser dazugeben, wenn die Sauce zu dick wird. Mit Salz und Pfeffer würzen.

Pasta al dente kochen, abgießen und unter die Sauce mischen. Die Lorbeerblätter und die Kräuterzweige herausnehmen.

Auf Tellern verteilen, mit Olivenöl beträufeln und noch warm servieren.

TEMPEH

FÜR 2 PORTIONEN

DAS BRAUCHST DU

Tempeh

400 g festkochende Kartoffeln,
klein gewürfelt

1 EL neutrales Pflanzenöl

Salz, Pfeffer

1 rote Zwiebel,
in Spalten geschnitten

150 g Lupinen-Tempeh
Wildkräuter, gewürfelt

150 g Grünkohl,
vom Strunk gezupft

Biersauce

1 EL vegane Margarine

1 Zwiebel, fein gewürfelt

Salz

1–2 EL Zucker

1 Zweig Thymian, abgezupft

250 ml Bier

50 ml Karottensaft

10 g Speisestärke

1 EL Wasser

TEMPEH
mit Kartoffeln, Grünkohl, Zwiebeln und Biersauce

SO GEHT'S

Die Kartoffelwürfel mit Salz und Pfeffer würzen und in einer Pfanne im Pflanzenöl für ca. 15 Minuten braten. Dann die Zwiebelspalten und die Tempehwürfel zugeben.

In einem Topf die Margarine schmelzen und Zwiebelwürfel mit etwas Salz und Zucker ca. 3 Minuten unter Rühren karamellisieren lassen. Thymian mit in den Topf geben.

Bier und Karottensaft angießen, aufkochen und die Sauce ca. 20 Minuten köcheln lassen.

Stärke in kaltem Wasser auflösen und unter Rühren die Sauce damit binden. Sobald die Sauce andickt, die Temperatur auf kleinste Stufe herunterschalten. Die Grünkohlblätter zu den Kartoffeln in die Pfanne geben. Alles zusammen weitere 10 Minuten scharf anbraten.

Zum Anrichten zunächst eine Kelle Biersauce pro Portion in tiefe Teller geben und darauf mittig die Pfannenmischung verteilen.

MAÏS

Gegrillte **MAISKOLBEN**
mit Chili-Butter

FÜR 2 PORTIONEN

DAS BRAUCHST DU

Chili-„Butter"

1 Chili, gehackt

50 g vegane Margarine

1 TL Agavendicksaft

1 TL Limettensaft

Zesten von ½ Limette

Salz, Pfeffer

Maiskolben

2 Maiskolben, vorgegart

2 EL Kokosraspel

¼ Bund Koriander, gehackt

SO GEHT'S

Für die „Butter" alle Zutaten miteinander vermischen und mit Salz und Pfeffer abschmecken. Die „Butter" mithilfe von Frischhaltefolie zu einer Rolle formen und kalt stellen.

Den Grill auf eine Temperatur von 160–180 °C direkte Hitze vorbereiten.

Die Maiskolben trocken reiben und auf dem Grillrost oder in einer Grillpfanne auf dem Herd ca. 15–20 Minuten grillen, bis sie eine leichte Bräunung bekommen, dabei immer wieder wenden.

Die Kokosraspel in einer Pfanne ohne Zugabe von Fett rösten. Zum Servieren die Maiskolben mit der gekühlten „Butter" bestreichen und mit Kokosraspeln sowie Korianderblättchen bestreuen.

BURGER

FÜR 3 BURGER

DAS BRAUCHST DU

vegane „Käse"sauce
1 Zwiebel, klein gewürfelt
1 Knoblauchzehe, fein gewürfelt
1 EL neutrales Pflanzenöl
60 g Kartoffeln, geschält,
klein gewürfelt
30 g Karotten, fein gewürfelt
30 g Cashewkerne
150 ml Haferdrink (siehe S. 18)
25 g vegane Margarine
1 TL Senf
1 EL Melasse Hefeflocken
Salz, Pfeffer

Pattys
200–250 g Edamame
½ EL geschrotete Leinsamen
1 ½ EL heißes Wasser
200–250 g Shiitake-Pilze,
in Stücke geschnitten
2 EL Olivenöl
½ Zwiebel, klein gewürfelt
1 Knoblauchzehe, fein gewürfelt
je ½ rote und gelbe Paprikaschote,
fein gewürfelt
1 ½ cm Ingwer, fein gerieben
200 g Kichererbsen (Glas oder Dose)
½ Bund Frühlingszwiebeln,
in Ringe geschnitten
½ Bund glatte Petersilie, fein gehackt
Salz, Pfeffer
½ TL Senf

Außerdem
½ Zwiebel, in Ringe geschnitten
Red Burger Buns (siehe S. 36)
Sprossen und
Spinatblätter nach Belieben

EDAMAME-BURGER
mit veganer „Käse"sauce

SO GEHT'S

Für die Sauce Zwiebel und Knoblauch in einem Topf mit heißem Öl ca. 2–3 Minuten glasig dünsten. Kartoffeln, Karotten und Cashewkerne hinzugeben, mit dem Haferdrink ablöschen und ca. 15 Minuten köcheln lassen. Zwischendurch umrühren. Dann die restliche Zutaten unterrühren und würzen. Die Sauce fein pürieren. Ggf. noch etwas Haferdrink untermixen.

Für die Pattys die Edamame in reichlich kochendem Wasser kurz bissfest garen. Kalt abschrecken und die Bohnen aus den Schoten lösen. Den Backofen auf 175 °C Umluft vorheizen. Die Leinsamen im Wasser ca. 5 Minuten quellen lassen. Pilze in 1 EL heißem Olivenöl bei mittlerer Temperatur braten und dann in einer Schüssel beiseitestellen. Zwiebel-, Knoblauch- und Paprikawürfel sowie Ingwer ebenfalls in 1 EL heißem Olivenöl ca. 3 Minuten braten. Zu den Pilzen in die Schüssel geben.

Edamame und Kichererbsen in einem Mixer grob zerkleinern. Mit Frühlingszwiebeln, Leinsamen und Petersilie zu den übrigen Zutaten geben und vermengen. Mit Salz, Pfeffer und Senf abschmecken. 3 Pattys aus der Masse formen und bei mittlerer Temperatur im restlichen Olivenöl von beiden Seiten goldbraun braten. Anschließend ca. 10 Minuten im Backofen fertig garen.

Die Buns halbieren und kurz rösten. Auf die Unterseite die Zwiebelringe und etwas „Käse"sauce verteilen, je ein Patty aufsetzen. Darauf Sprossen und „Käse"sauce verteilen und die Oberseite auflegen.

BONÜS

KÄSEKUCHEN
mit Mürbeteig

FÜR 12 KUCHENSTÜCKE

DAS BRAUCHST DU

Mürbeteig

200 g vegane Margarine

100 g Zucker

1 Prise Salz

300 g Weizenmehl

2 Msp. Vanille, gemahlen

Füllung

250 g vegane Margarine, flüssig

800 g Seidentofu

Saft und Abrieb von 2 unbehandelten Zitronen

400 g Naturtofu

150 g Zucker

1 Päckchen Bourbonvanillezucker

80 g Speisestärke

Außerdem

vegane Margarine

Mehl zum Bearbeiten

SO GEHT'S

Eine Springorm (Ø 26 cm) einfetten. Für den Mürbeteig aus den angegebenen Zutaten einen glatten Teig kneten. Zwei Drittel des Teigs direkt auf dem Springformboden ausrollen und mit dem Springformrand umstellen. Den restlichen Teig auf einer leicht bemehlten Arbeitsfläche zu einem dünnen Strang rollen und zu einer Schnecke aufrollen. Die Teigschnecke innen am Springformrand entlangrollen und dann zu einem Rand hochdrücken. Die Springform mit Frischhaltefolie abgedeckt ca. 1 Std. in den Kühlschrank stellen.

Den Backofen auf 180 °C Ober- und Unterhitze vorheizen.

Für die Füllung den Seidentofu in ein mit Küchenpapier ausgelegtes Sieb geben und ca. 10 Min. abtropfen lassen. Zitronensaft und -abrieb mit Seiden- und Naturtofu, flüssiger Margarine, Zucker, Vanillezucker und Stärke in einem leistungsstarken Standmixer fein pürieren.

Die Tofumasse in die vorbereitete Springform füllen und im Backofen auf dem Rost im unteren Drittel ca. 50–60 Min. backen, bis bei der Garprobe nur noch wenig von der Füllung am Stäbchen haftet. Herausnehmen, auf einem Kuchengitter auskühlen lassen und anschließend ca. 2 Std. kalt stellen.

ENDSPURT!
WOCHE 4

Fast geschafft! Vielleicht merkst du nach den letzten 21 Tagen, dass dir die Umstellung leichter gefallen ist als gedacht? Was war schwieriger, was einfacher für dich? Essen und Trinken hat ja immer auch Einfluss auf das persönliche (Wohl-)Befinden. Nicht umsonst wird der Philosoph Ludwig Feuerbach, für den Ernährung die Grundlage für Gesundheit war, so zitiert: Du bist, was du isst.

LEGENDE

- ●○○ wenig Zutaten, schnelle Zubereitung
- ●●○ einfach, jedoch etwas Zeit einplanen
- ●●● etwas mehr (Zeit-)Aufwand

WOCHE 4
MEAL PREP

In deiner letzten Woche der Challenge hast du vielleicht noch Reste der Vorwoche, auf die du zurückgreifen kannst.

MEAL PREP
WOCHE 4

In deiner 4. WOCHE kannst du folgende Rezepte sehr gut vorbereiten:

☐ 1 Vollkorntoastbrot (siehe S. 28)

☐ Hummus (siehe S. 148) hält sich im Kühlschrank ca. 2–3 Tage

☐ Salat-Wraps mit Chili-Mango-Salsa (siehe S. 171) halten sich im Kühlschrank 1–2 Tage

☐ Ofengemüse mit Koriander-Petersilien-pesto und Zitronentofu (siehe S. 172)

☐ Energy-Oats mit Hanfsamen und Kirschen (siehe S. 156) halten im Kühlschrank ca. 1–2 Tage

Für täglich frisches und leckeres BROT! Am besten am Sonntag oder Montag backen und vorportioniert einfrieren. Besonders wenn du nicht jeden Tag etwa zum Frühstück Toast etc. essen magst.

In dieser Woche gibt es gleich 2 Rezepte mit Hummus. Zum einen als herzhaften Brotaufstrich zum Frühstück, zum anderen als leckeres Mittag- oder Abendessen mit Falafel und Rosenkohl.

Bei diesem Rezept kannst du die Chili-Mango-Salsa sehr gut vorbereiten.

Das Pesto lässt sich ebenfalls im Voraus zubereiten. Du kannst dann an einem anderen Tag, wenn es mal schnell gehen muss, einfach Pasta kochen, das Pesto untermischen und schon hast du ein schnelles, leckeres Abendessen.

BONUS-REZEPT: Die (glutenfreien!) Karamell-Slices sind ein sogenanntes No-Bake-Rezept. Lässt sich super vorbereiten. Passt auch gut als Mitbringsel für Leute, die gern mal was Süßes mögen.

BOWL

FÜR 2 PORTIONEN

AVOCADO-BOWL
mit Blaubeeren

DAS BRAUCHST DU

2 Avocados
400 g Kokosjoghurt
1 EL Ahornsirup
250 g TK-Blaubeeren

Zum Servieren

Nüsse, Saaten,
Kokos-Chips
und frische Früchte
nach Belieben

SO GEHT'S

Das Avocadofruchtfleisch zusammen mit dem Kokosjoghurt und dem Ahornsirup in einen Mixer geben und vermengen. Die Blaubeeren unterheben, in zwei Schalen geben und nach Belieben mit Nüssen, Saaten, Kokos-Chips und frischen Früchten anrichten.

Die Avocados sollten weich sein, dann wird die Bowl noch cremiger.

AUFSTRICH

BROT
mit Hummus

FÜR 2 PORTIONEN

DAS BRAUCHST DU

SO GEHT'S

Hummus

400 g Kichererbsen (Glas oder Dose)

1 EL Tahini (siehe S. 22)

50 ml Wasser

Saft von 1 Zitrone

Salz

Alle Zutaten in einen Mixer geben und mixen, bis eine cremige Konsistenz entsteht oder in eine Schüssel geben und mit einem Stabmixer pürieren.

Den Hummus auf den Brotscheiben verteilen. Die Brote halbieren und mit Kirschtomaten, Gurkenscheiben und Petersilie servieren.

Zum Servieren

Vollkorntoastbrot (siehe S. 28)
oder Dinkelvollkornbrot (siehe S. 32)

½ Gurke, in Scheiben geschnitten

6 Kirschtomaten, halbiert

Petersilie nach Belieben

BOWL

FÜR 2 PORTIONEN

DATTEL-KURKUMA-BOWL
mit Orange, Mango und
Cashewkernen

DAS BRAUCHST DU

2 Bananen, in Stücke geschnitten

½ Orange, in Stücke geschnitten

200 g Mango, in Stücke geschnitten

40 g Cashewkerne

4 Datteln

200 ml Pflanzendrink (siehe S. 18/19)

100 ml Wasser

½ TL Kurkumapulver

½ TL Zimt

1 Prise Vanille, gemahlen

1 Prise Pfeffer

SO GEHT'S

Alle Zutaten in einen Mixer geben und
so lange pürieren, bis eine cremige und
glatte Masse entsteht.

Auf Schalen aufteilen und garnieren.

*Als Topping passen geröstete Cashewkerne,
Honigmelone, Orange, Minzblätter, Sesamsamen und Limettenabrieb.*

PORRIDGE

FÜR 2 PORTIONEN

BEERENPORRIDGE
mit Mandelblättchen

DAS BRAUCHST DU

30 g Mandelblättchen

300 g gemischte Beeren

200 ml Mandeldrink (siehe S. 19)

75 ml Wasser

2 EL Agavendicksaft

1 EL Kokosöl, geschmolzen

200 g Haferflocken

SO GEHT'S

Die Mandelblättchen in einer beschichteten Pfanne ohne Zugabe von Fett goldbraun rösten und herausnehmen.

Die Beeren verlesen, waschen, abtropfen lassen und in die gewünschte Größe schneiden.

Den Mandeldrink zusammen mit Wasser, Agavendicksaft und Kokosöl aufkochen und die Temperatur reduzieren.

Die Haferflocken in die heiße Flüssigkeit geben und unter Rühren ca. 7–8 Minuten zur gewünschten Konsistenz kochen.

Den Porridge in Schalen füllen und mit den Beeren sowie Mandeln garnieren.

Statt Mandelblättchen schmecken auch Kokosraspel sehr gut.

SANDWICH

FÜR 1 SANDWICH

SANDWICH mit Hummus
und gegrillter Paprika

DAS BRAUCHST DU

1 rote/gelbe Paprika, geviertelt

Hummus (siehe S. 148)

2 Scheiben Saaten-Brot
(siehe S. 27)

SO GEHT'S

Den Ofen auf 200 °C Umluft vorheizen
und ein Backblech mit Backpapier auslegen.

Paprika mit der Schnittfläche nach unten
auf das Backblech legen. Etwa 15 Minuten im Ofen backen, sodass die Paprika
noch bissfest ist.

In der Zwischenzeit den Hummus zubereiten. Das Brot toasten. Den Hummus
darauf verteilen und mit gerösteter
Paprika belegen.

*Ein paar Tröpfchen Olivenöl und eine Prise
Salz aufs Sandwich geben das richtige Finish.*

OATS

ENERGY-OATS
mit Hanfsamen und Kirschen

FÜR 2 PORTIONEN

DAS BRAUCHST DU

120 g Haferflocken

300 ml Kokosmilch

2 EL Leinsamen, geschrotet

4 EL Buchweizen

2 EL Hanfsamen, geschält

1 Prise Vanille, gemahlen

SO GEHT'S

Alle Zutaten in ein verschließbares Glas geben und gut miteinander verrühren.

Mindestens 1 Stunde ziehen lassen oder über Nacht in den Kühlschrank stellen. In zwei Schalen geben und mit frischem Obst servieren.

Die Kokosmilch kannst du auch zur Hälfte durch einen Pflanzendrink ersetzen.

SMOOTHIE

FÜR 2 GLÄSER

SMOOTHIE
mit Ananas und Avocado

DAS BRAUCHST DU

SO GEHT'S

Smoothie

½ Avocado

2 Basilikumspitzen

200 g Ananasfruchtfleisch

1 EL Limettensaft

2 EL Agavendicksaft

150 g Kokosjoghurt

3 Eiswürfel

Zum Servieren

1 EL Pistazienkerne, gehackt

Ananas, gewürfelt

2 Holzspieße

Das Avocadofruchtfleisch mit Basilikum, Ananas, Limettensaft, Agavendicksaft, Joghurt und Eiswürfeln in einem Standmixer pürieren.

Nach Belieben mit etwas Wasser verdünnen und auf Gläser verteilen.

Die Pistazienkerne grob hacken und auf die Smoothies streuen. Die Ananasstücke aufspießen und die Smoothies damit garnieren. Sofort genießen.

Du kannst auch anderen veganen Joghurt (z. B. Sojajoghurt) verwenden.

BOWL

FÜR 2 PORTIONEN

QUINOA-BOWL
mit buntem Gemüse,
Datteln und Minze

DAS BRAUCHST DU

je 1 Zucchini, Karotte, Paprika,
in Stücke geschnitten

100 g Kichererbsen (Glas oder Dose)

3 EL Olivenöl

Salz

½ TL gemahlener Kreuzkümmel

½ TL edelsüßes Paprikapulver

100 g Quinoa

180 ml Wasser

2 Datteln, gehackt

1 EL Minze, gehackt

½ Bund Petersilie/Koriander,
gehackt

1 Avocado,
in Stücke geschnitten

Saft von ½ Zitrone

2 EL schwarze Sesamsamen

SO GEHT'S

Den Ofen auf 180 °C Umluft vorheizen und
ein Backblech mit Backpapier belegen.
Das Gemüse zusammen mit den Kichererbsen in eine Schale geben und mit 1 EL
Olivenöl, Salz, Kreuzkümmel und Paprikapulver vermengen. Das Gemüse auf dem
Backblech verteilen und ca. 20 Minuten
backen, bis es gar ist.

Die Quinoa im Wasser ca. 15 Minuten
kochen, bis die Flüssigkeit aufgenommen
ist. Die Datteln zur noch warmen Quinoa geben, untermischen und auskühlen
lassen. Zum Anrichten zwei Servierschalen
nehmen und Quinoa und Gemüse darin
verteilen. Die Kräuter dazugeben. Die
Avocado ebenfalls in der Schale anrichten.
Zitronensaft, restliches Olivenöl und etwas
Salz miteinander vermengen, über der
Bowl verteilen und mit den Sesamsamen
bestreuen.

BOWL

FÜR 2 PORTIONEN

TEMPEH-BOWL
mit Quinoa und Rohkost

DAS BRAUCHST DU

75 g Quinoa

Salz

200 g Lupinen-Tempeh Wildkräuter,
in Streifen geschnitten

1 EL neutrales Pflanzenöl

½ Kopf Lollo Bianco,
in Stücke gezupft

2 Karotten, geraspelt

½ Salatgurke,
klein gewürfelt

60 g Sonnenblumenkerne

20 g Leinsamen

Dressing

½ rote Zwiebel,
klein gewürfelt

75 ml neutrales Pflanzenöl

1 TL Senf

1 EL Apfelessig

Salz

Zucker

SO GEHT'S

Die Quinoa in einem Küchensieb unter fließendem Wasser gut waschen. In einen Topf mit gesalzenem Wasser geben und aufkochen. Danach ca. 20 Minuten bei geringer Temperatur quellen lassen.

Den Tempeh in etwas Pflanzenöl in einer Pfanne anbraten. Mit Salz würzen.

Alle Zutaten für das Dressing in einen Mixbecher geben und mit einem Stabmixer zu einem feinen Dressing mixen.

Den Salat in einer Schüssel mit etwas Dressing gut durchmischen. Auf zwei Teller, am besten tiefe Bowls, verteilen. Nun die geraspelten Karotten, die Gurkenwürfel, die Quinoa, die Sonnenblumenkerne und Leinsamen in Linien auf dem Salat anrichten. Zum Schluss die Lupinen-Tempeh-Streifen auf den Salat legen.

Vor dem Servieren das restliche Salatdressing über die Bowls geben.

Tofu statt Tempeh passt genauso gut!

PASTA

DINKELPASTA
mit Tofubällchen

DAS BRAUCHST DU

Tofubällchen
4 EL neutrales Pflanzenöl
1 Zwiebel, fein gewürfelt
2 Knoblauchzehen, gehackt
400 g Naturtofu
10 g Salz
50 g Buchweizenmehl
20 g Petersilie, gehackt
Abrieb von 2 unbehandelten Limetten

Tomatensauce
2 Knoblauchzehen, gehackt
1 Zwiebel, fein gewürfelt
2 EL neutrales Pflanzenöl
Chilipulver
1 EL Zucker
Salz
500 ml passierte Tomaten
Basilikumblätter, gehackt

Dinkelpasta
400 g Dinkelpasta
Salz
100 g Rucola, klein gezupft

SO GEHT'S

In einer Pfanne die Hälfte des Pflanzenöls erhitzen. Zwiebel und Knoblauch glasig braten. Tofu mit den Händen in die Pfanne bröseln, salzen und mitschmoren. Nach ca. 2 Minuten alles in eine Schüssel geben und mit Buchweizenmehl, Petersilie und Limettenabrieb zu einem griffigen Teig kneten. Aus dem Teig Bällchen (Ø 3 cm) formen und in der Pfanne im restlichen heißen Öl von allen Seiten braun braten.

Für die Tomatensauce den Knoblauch und die Zwiebel in einem Topf im heißen Öl anrösten. Chili, Zucker und Salz zugeben und mit den passierten Tomaten ablöschen. Die Sauce bei mittlerer Temperatur köcheln lassen. Basilikum unterrühren und ca. 10 Minuten ziehen lassen.

Die Dinkelpasta nach Packungsanleitung bissfest garen. Abgießen, abtropfen lassen und im Topf mit der Sauce vermischen. Rucola unterheben. Auf Teller verteilen und die Tofubällchen darauf anrichten.

CURRY

CURRY
mit Aubergine und Tomaten

FÜR 2 PORTIONEN

DAS BRAUCHST DU

1 Zwiebel, klein gewürfelt

2 TL Kokosöl

2 EL Ingwer, gerieben

2 EL Knoblauch, gehackt

3 EL Kreuzkümmel

je ½ TL Koriander, Kardamom,
Kurkuma, Nelken, gemahlen

½ TL Cayennepfeffer

2 Tomaten, gewürfelt

200 ml Wasser

1 EL brauner Zucker

1 Aubergine (ca. 450 g)

Salz, Pfeffer

300 g frischer Blattspinat
oder 200 g TK-Blattspinat,
in Streifen geschnitten

1 Bund Koriander, abgezupft

SO GEHT'S

Die Zwiebel in 1 TL Kokosöl goldgelb anschwitzen. Ingwer und Knoblauch mit anbraten. Kreuzkümmel, Koriander, Kardamom, Kurkuma, Nelken und Cayennepfeffer zu den Zwiebeln in die Pfanne geben. Tomaten zusammen mit Wasser und Zucker zugeben. Einmal kurz aufkochen, vom Herd nehmen, in eine Schüssel umfüllen und abkühlen lassen. Mindestens 1 Stunde kalt stellen.

Die Aubergine der Länge nach in 1 cm dicke Scheiben schneiden. Die einzelnen Scheiben nochmals halbieren und mit Salz und Pfeffer würzen. In einer Pfanne mit dem restlichen Kokosöl von beiden Seiten goldbraun anbraten und beiseitestellen.

Die erkaltete Tomaten-Gewürzmasse nochmals aufkochen, die Spinatstreifen und die Auberginen unterrühren und einige Minuten sanft köcheln lassen.

Vor dem Servieren mit Koriander bestreuen.

•••
FALAFEL

HUMMUS-FALAFEL-TELLER
mit Rosenkohl und Pitabrot

FÜR 2 PORTIONEN

DAS BRAUCHST DU

Pitabrot
15 g frische Hefe
125 ml Wasser
250 g Dinkelmehl (Type 630)
½ TL Salz
½ TL Zucker

Hummus (siehe S. 148)

Falafel (siehe S. 126)

Rosenkohl
30 g vegane Margarine
200 g Rosenkohl,
geputzt, geviertelt
5 g Salz
10 g Zucker

Anrichten
Rapsöl
Paprikapulver

Außerdem
Mehl zum Bearbeiten

SO GEHT'S

Für das Pitabrot die Hefe im Wasser auflösen. Mit Mehl, Salz und Zucker zu einem einheitlichen Teig kneten. Abdecken und bei Zimmertemperatur ca. 1 Stunde gehen lassen.

In einer Pfanne die Margarine schmelzen und den Rosenkohl darin mit Salz und Zucker weich schmoren.

Den Backofen auf 250 °C Umluft vorheizen.

Den Hefeteig in 4 Portionen teilen und auf einer bemehlten Arbeitsfläche dünn ausrollen. Die Fladen auf ein mit Backpapier ausgelegtes Backblech legen und ca. 5 Minuten im Ofen backen.

Zum Anrichten zunächst den Hummus auf die Teller geben und darauf den karamellisierten Rosenkohl mittig platzieren. Zum Schluss die Falafel anlegen und alles mit etwas Rapsöl und Paprikapulver garnieren. Die Pitabrote dazu servieren.

WRAPS

SALAT-WRAPS
mit Chili-Mango-Salsa

FÜR 2 PORTIONEN

DAS BRAUCHST DU

1 Mango, klein gewürfelt

200 g Mais (Glas oder Dose)

1 rote Paprika, klein gewürfelt

½ Jalapeño, in Scheiben

2 EL Zitronensaft

1 EL Olivenöl

Salz, Pfeffer

½ Bund Koriander, gehackt

1 Eisbergsalat

1 Avocado,
in Spalten geschnitten

SO GEHT'S

Mango, Mais, Paprika und Jalapeño mit Zitronensaft, Olivenöl, Salz und Pfeffer zu einer Salsa vermengen. Koriander dazugeben und alles gut durchmischen.

Die Blätter vom Salatkopf abtrennen, waschen und trocken tupfen.

Die Chili-Mango-Salsa sowie die Avocadospalten auf den Salatblättern verteilen und zu einem knackigen Salat-Wrap zusammenrollen.

Du kannst auch noch gegarte Quinoa in den Wrap geben.

TOFÜ

FÜR 2 PORTIONEN

OFENGEMÜSE
mit Koriander-Petersilienpesto und Zitronentofu

DAS BRAUCHST DU

SO GEHT'S

Zitronentofu

400 g Naturtofu, in Scheiben

Salz

1 Zitrone

Gemüse

je 1 Karotte, rote Paprika, Zucchini, grob geschnitten

1 rote Zwiebel, in Spalten

2 Zweige Thymian, abgezupft

1 Zweig Rosmarin, abgezupft

2 EL schwarze Oliven, entsteint

Salz

Pesto

1 Knoblauchzehe

1 EL Petersilie

1 EL Koriander

75 ml Rapsöl

½ TL Salz

2 EL Sonnenblumenkerne

Backofen auf 180 °C Umluft vorheizen.

Den Tofu salzen und in eine passende Auflaufform legen. Mit dem Saft von ½ Zitrone beträufeln. Die andere Hälfte der Zitrone in Scheiben schneiden und auf die Tofuscheiben legen.

2 ausreichend große Backpapierstücke zuschneiden und auf die Arbeitsplatte legen.

In einer Schüssel Gemüse mit Kräutern, Oliven und etwas Salz durchmischen. Alles mittig auf dem Backpapier platzieren. Die Ecken nach oben ziehen, ein Gemüsesäckchen formen und mit Küchengarn oben zubinden. Unbedingt darauf achten, dass die „Päckchen" komplett verschlossen sind und das Papier keine Löcher aufweist. Die beiden Säckchen nun auf ein Backblech legen und zusammen mit der Auflaufform in den Backofen stellen und ca. 30 Minuten backen.

Für das Pesto alle Zutaten in einen Mixer geben und pürieren, bis eine homogene Masse entstanden ist.

Zum Anrichten pro Person ein „Päckchen" auf einen Teller legen, öffnen, mit dem Tofu und dem Pesto garnieren und servieren.

BONUS

KARAMELL-SLICES
mit Datteln und Nüssen

FÜR 4 PORTIONEN

DAS BRAUCHST DU

SO GEHT'S

Boden
200 g Datteln, entsteint

180 g Mandelmehl

80 g Macadamianüsse/Paranüsse

Karamell
200 g Datteln, entsteint

30 ml heißes Wasser

1 EL Kokosöl, geschmolzen

1 EL Mandelmus (siehe S. 23)

100 ml Ahornsirup

Nüsse, gehackt nach Belieben

Für den Boden alle Zutaten in einen Hochleistungsmixer geben und zu einer homogenen Masse zerkleinern. Ein Backblech (ca. 20 x 20 cm) mit Backpapier belegen, den Teig darauf verteilen und gut andrücken. Ins Gefrierfach stellen, bis das Karamell fertig ist

Für das Karamell alle Zutaten, bis auf die Nüsse, in den Mixer geben und vermengen, bis eine feste Creme entsteht. Den Boden aus dem Gefrierfach nehmen, mit dem Karamell bestreichen und nach Belieben mit gehackten Nüssen bestreuen. Mindestens 1 Stunde wieder in das Gefrierfach stellen.

Etwa 10 Minuten vor dem Verzehr herausnehmen und in Vierecke schneiden.

GRUNDREZEPTE

FRÜHSTÜCK

MITTAG UND ABEND

BONUS-REZEPTE